DES FONTAINES 1993

Les Peintres Impressionnistes

par Théodore Duret

HISTOIRE
DES
Peintres Impressionnistes

ÉDITION DE LUXE

Il a été tiré de cet ouvrage CENT EXEMPLAIRES NUMÉROTÉS SUR PAPIER DU JAPON, *avec double suite des gravures hors texte.*

UN ATELIER AUX BATIGNOLLES PAR FANTIN-LATOUR
Salon de 1870 — Musée du Luxembourg

Schœlderer Renoir F. Zola Maitre Bazille Claude Monet
         Manet   Zacharie Astruc

HISTOIRE

DES

Peintres Impressionnistes

*Pissarro, Claude Monet, Sisley
Renoir, Berthe Morisot, Cézanne, Guillaumin*

PAR

THÉODORE DURET

PARIS
H. FLOURY, LIBRAIRE-ÉDITEUR
1, BOULEVARD DES CAPUCINES, 1

1906

I

Pissarro.

Les peintres qui devaient s'appeler plus tard les Impressionnistes, dans leur jeunesse, lorsqu'ils se trouvaient encore inconnus, à l'état d'élèves étaient déjà d'instinct des indépendants, ils se sentaient entraînés à rompre avec les règles traditionnelles. Ils s'étaient, en conséquence, donné pour guides les hommes qui avaient alors porté la peinture le plus avant dans l'observation directe de la nature et de la vie, Corot et Courbet. Ce sont ces deux maîtres qu'ils ont d'abord suivis, chacun à part soi, sans s'être encore connus ou rencontrés. Pissarro et Mlle Morisot ont profité des conseils de Corot, Renoir a peint un moment sous l'influence de Courbet, Cézanne a emprunté à Courbet, au début, sa tonalité et sa palette. Si l'on pouvait rassembler les tout premières œuvres des hommes qui sont devenus les Impressionnistes, on verrait, avec des différences individuelles pointant déjà, un fond commun d'une même gamme, allant des procédés de Corot à ceux de Courbet. C'est alors que Manet survint.

Rien n'est plus difficile, quand des formes d'art ou des modes de penser ont obtenu le succès, que de se représenter la répulsion qu'ils ont d'abord pu causer. Maintenant que Manet est accepté comme un maître, on ne saurait s'imaginer l'horreur et la colère réellement causées par ses œuvres à leur apparition. Pour expliquer le fait, il faut dire qu'elles tranchaient, d'une manière absolue, sur ce que les autres produisaient alors communément et qu'ainsi elles venaient heurter les notions reçues et les règles acceptées. Il faut bien se rendre compte qu'au moment où Manet survenait, Corot et Courbet qui représentaient la marche faite en avant, déplaisaient toujours au public, que leur liberté d'allures et de procédés n'était comprise et imitée que par une minorité de jeunes artistes; que Delacroix n'était encore généralement considéré que comme un artiste déréglé et incorrect, un outrancier de la couleur. Les membres de l'Institut, les peintres formant les élèves dans les ateliers, l'école de Rome, les hommes de lettres en général, le public restaient alors soumis à la tradition. Tous honoraient ce qu'on appelait le grand art, la peinture d'histoire, la peinture religieuse, la représentation des Grecs et des Romains, le nu compris et traité d'après les formes reçues de la Renaissance italienne.

Il existait surtout à cette époque une manière universellement enseignée et suivie dans les ateliers, pour distribuer en peinture l'ombre et la lumière et appliquer les couleurs. On ne concevait point que la lumière put être mise sans accompagnement obligé et corrélatif de l'ombre. On ne croyait point que les couleurs vives pussent être introduites sans demi-tons intermédiaires. Mais avec ces pratiques de ne
Pissarro.
mettre de la lumière qu'accompagnée d'ombre et de n'employer de tons variés qu'avec des atténuations, on en était arrivé à ne peindre que des tableaux tenus dans l'ombre, où tout l'éclat des couleurs vives et riantes avait disparu. La critique et le public s'étaient accoutumés à ce mode éteint de la peinture; il leur apparaissait par l'habitude, naturel. On ne s'imaginait même pas qu'il put y en avoir

d'autre et on trouvait excellente la production de peintres tenus pour des maîtres, se succédant depuis longtemps dans une même voie.

Tout à coup Manet, en 1863, au Salon des refusés, avec son *Déjeuner sur l'herbe* et, en 1865, au Salon, avec son *Olympia*, présenta des œuvres venant, par leur dissemblance d'avec les autres, causer une horreur générale. Le fond et la forme rompaient avec ce que l'on considérait comme les règles essentielles de l'art. On avait sous les yeux des nus pris directement dans la vie, qui donnaient les formes mêmes du modèle vivant, mais qui aussi semblaient grossières et d'un affreux réalisme, en comparaison avec les formes du nu traditionnel soi-disant idéalisé et épuré. L'ombre appelée à faire opposition perpétuelle à la lumière n'apparaissait plus. Manet peignait clair sur clair. Les parties que les autres eussent mises dans l'ombre, étaient peintes par lui en tons moins vifs mais toujours en valeur. Tout l'ensemble était coloré. Les différents plans se succédaient, en se profilant dans la lumière. Aussi ses œuvres faisaient-elles disparate, au milieu des autres sombres et décolorées. Elles heurtaient la vision. Elles offusquaient les regards. Les couleurs claires juxtaposées qui s'y voyaient, n'étaient tenues que pour du « bariolage », les tons vifs, mis côte à côte, faisaient l'effet de simples taches.

Manet souleva une telle animadversion, les railleries, les insultes, les caricatures qu'il suscita furent telles, qu'il acquit bientôt une immense notoriété. Il vit tous les yeux fixés sur lui. Il fut considéré comme un barbare, son exemple fut déclaré pernicieux, il devint un insurgé, un corrupteur à exclure des Salons. Mais, à l'encontre, les jeunes gens d'esprit indépendant, tourmentés du besoin de se soustraire aux règles d'une tradition vieillie, virent en ce révolté contre la banalité du temps, un initiateur et un guide et, après s'être surtout portés vers Corot et Courbet, ils font un nouveau pas et se portent vers lui. Manet va donc grouper des gens jeunes, jusqu'ici séparés et inconnus les uns des autres. Ils se lieront par son intermédiaire.

Alors qu'il allait travailler au Louvre, vers 1861, il y avait rencontré deux jeunes filles, deux sœurs, qui y poursuivaient leurs études de peinture. Lorsqu'après le Salon des refusés en 1863 et le Salon de 1865 il fut devenu célèbre, le souvenir des rencontres faites au Louvre amena l'une des jeunes filles — l'autre allait se marier — à nouer avec lui des relations artistiques suivies. Cette jeune fille, Berthe Morisot, devait être ainsi une des premières personnes qui lui emprunteraient sa manière de peindre en clair, dans la lumière. Pissarro et Claude Monet furent aussi des premiers à se l'approprier. Pissarro, né à Saint-Thomas, aux Antilles, après être venu faire ses études en France, était retourné dans son île. Il s'était trouvé ainsi loin de tout milieu artistique, retardé dans son développement. Revenu en France pour se livrer tout entier à l'art, il s'était senti porté vers la peinture de paysage. Il peignait dans une gamme avancée pour le temps, mais qui, depuis qu'il s'est adonné à la peinture claire, paraît quelque peu sombre. Le *Déjeuner sur l'herbe* et l'*Olympia* de Manet l'avaient séduit, il avait tout de suite su comprendre la valeur de ces œuvres, exécutées selon une formule nouvelle; aussi s'était-il mis à les vanter dans son entourage. Il fit la connaissance personnelle de Manet en 1866 et se tint dès lors avec lui en relations suivies.

En 1862, quatre jeunes gens, Claude Monet, Sisley, Renoir, Bazille, élèves chez Gleyre, se liaient d'amitié. Ils allaient se développer, animés d'un même esprit. Claude Monet, qui devait être parmi eux l'initiateur, avait visité au printemps de 1863 une exposition de quatorze toiles, que Manet faisait chez Martinet, sur le boulevard des Italiens. Il en avait ressenti une véritable commotion. Il avait trouvé là son chemin de Damas. Cependant de huit ans plus jeune que Manet, il resta plusieurs années à l'écart, sans entrer en relations personnelles avec lui. Ce ne fut qu'en 1866 qu'il alla le voir à son atelier conduit par Zacharie Astruc, mais dès lors des liens d'amitié, qui devaient jusqu'au dernier jour se resserrer, se nouèrent entre eux. En voyant comment le groupe des Impressionnistes s'est formé, on a l'intéressant spectacle de la manière dont, à un moment donné, lorsque certaines idées sont comme flottantes dans l'air, elles peuvent pénétrer des hommes différents s'influençant, se guidant les uns les autres au point de départ. Manet avait agi sur Monet et Monet agissait maintenant sur Sisley. A la vue des œuvres claires produites par Monet, Sisley se mettait lui aussi à peindre en pleine lumière et en tons clairs. Monet et Sisley étaient deux paysagistes, qui marcheraient côte à côte dans une même voie, chacun selon ses tendances, Renoir au contraire qui venait lui aussi à la nouvelle peinture, devait s'y faire sur-

CAMILLE PISSARRO. — Dessin inédit.

tout place comme peintre de figures. Bazille le quatrième du petit groupe d'amis formé chez Gleyre, après avoir montré les plus belles dispositions, allait être enlevé prématurément. Il devait être tué en 1871 à la bataille de Beaune-la-Rolande.

En 1866, Manet voyait Émile Zola se faire avec éclat le défenseur de son art. *L'Événement* avant l'apparition du *Figaro* quotidien, était le journal littéraire, en faveur sur le Boulevard, lu de préférence par les artistes, les gens de lettres et de théâtre. Le directeur, M. de Villemessant, avait confié le compte rendu du Salon de 1866 à Émile Zola, qui débutait dans la littérature. Zola avait tout de suite présenté un éloge enthousiaste de Manet et de ses œuvres. Manet était alors si honni et méprisé que Zola, par son éloge dans un journal

Pissarro.

littéraire patroné par les raffinés, avait causé une telle indignation qu'il avait dû interrompre son compte rendu et quitter le journal. Il avait entrepris cette campagne en communauté d'idées avec un peintre, Cézanne. Cézanne était natif d'Aix en Provence. Zola qui avait passé sa jeunesse à Aix, où son père ingénieur construisait un canal, y avait noué avec lui une étroite amitié. Ils vivaient maintenant unis à Paris, et leur communauté d'indépendance d'idées les portait ensemble vers l'art vigoureux de Manet. Guillaumin s'était lié avec Cézanne en 1864 à l'académie Suisse et, comme lui, après avoir d'abord peint dans une tonalité voisine de celle de Courbet, venait à la nouvelle gamme des tons clairs.

Manet avait donc rallié des hommes partis de points différents, qui ne demandaient qu'à entretenir avec lui et entre eux des relations suivies. La question se posa de se rencontrer régulièrement. Manet avait alors son atelier derrière le parc Monceau, dans la rue Guyot, une rue déserte, et son atelier presque délabré ne se prêtait nullement à devenir un lieu de réunion. Il habitait avec sa femme et sa mère la rue de Saint-Pétersbourg et auprès, à l'entrée de l'avenue de Clichy, existait le café Guerbois, suffisamment vaste et luxueux. Ce café devint le lieu où, le soir, Manet et ses amis prirent l'habitude de se rencontrer. Les réunions commencées au café Guerbois en 1866 d'accidentelles devinrent régulières. Le groupe dont Manet avait été le premier lien, formé des peintres adoptant son esthétique, s'accrut bientôt d'artistes d'un autre ordre et d'hommes de lettres. On voyait là, fréquentant assidûment, Fantin-Latour, qui devait garder sa manière de peindre distincte, Guillemet, paysagiste de la donnée naturaliste, les graveurs Desboutins et Belot, Duranty, romancier et critique de l'école dite réaliste, Zacharie Astruc, à la fois sculpteur et poète. Émile Zola s'y montrait assez souvent et aussi Cladel le romancier, Degas et Stevens quelquefois, Vignaud, Babou, Burty, hommes de lettres, étaient des plus assidus. Ceux-là formaient, avec les peintres rattachés directement à Manet, le fond du groupement, mais lorsque les réunions furent connues, les amis et connaissances des habitués y vinrent aussi et, certains soirs, le café Guerbois se remplissait de tout un monde d'artistes et d'hommes de lettres. Manet était parmi la figure dominante ; avec sa verve, son esprit de saillie, la valeur de son jugement sur les choses d'art, il donnait le ton aux discussions. Sa qualité

d'artiste persécuté, repoussé des Salons, honni des tenants de l'art officiel en faisait comme le chef des hommes assemblés là, dont, en art et en littérature, l'esprit de révolte était le trait commun.

Pendant les années 1868, 1869 et 1870, jusqu'à la guerre, le café Guerbois fut ainsi un centre de vie intellectuelle, où des hommes jeunes s'encourageaint à soutenir le bon combat et à braver les dures conséquences à en prévoir. Car il ne s'agissait de rien moins que d'un soulèvement contre les règles et les systèmes généralement reçus et respectés. On était sous le second empire, alors que le principe d'autorité vigoureusement implanté dans les institutions donnait aux corps constitués de tout ordre, aux académies, aux jurys des Salons un immense pouvoir, leur permettant d'exercer une vraie dictature sur les choses d'art. Mais c'est là le beau de la jeunesse, qu'au moment où certaines formes et modes nouveaux, arrivent à l'éclosion, elle les adopte et est alors possédée d'une sorte de feu sacré, tellement que les obstacles ne sont plus vus et que la résistance à vaincre ne fait qu'exciter à marcher en avant. En effet, Manet et ses amis se confirmaient si bien dans leurs vues, ils s'encourageaient à ce point les uns les autres, que l'opposition, les railleries, les insultes, la misère à certaines heures, ne devaient nullement les faire fléchir et les amener à jamais dévier de la voie où ils entreraient.

Au milieu des discussions d'ordre général poursuivies au café Guerbois, Manet et les peintres ses amis se tenaient particulièrement à leur art. Ils développaient du même coup la théorie et la pratique de la peinture par tons clairs, en plein air. Les tons clairs et le plein air ont fait, dans ces années, l'objet de leurs recherches persistantes. Manet qui jusqu'à ce jour n'avait peint ses scènes d'extérieur comme le *Déjeuner sur l'herbe*, que dans son atelier, d'après des études faites au dehors, se mettait alors à exécuter des tableaux importants directement en plein air. Il peignait ainsi en 1867, de la hauteur du Trocadéro, une vue de l'Exposition Universelle, placée au Champ-de-Mars. Il peignait, dans les étés de 1868 et de 1869, d'assez nombreux tableaux de plages et de mer à Boulogne. Mais il ne devait jamais consacrer à la peinture de plein air qu'une part de sa production, tandis

La récolte. — Dessin de Pissarro, d'après son tableau.

que Pissarro, Monet, Sisley, Guillaumin s'y adonneraient entièrement et que même le peintre de figures parmi eux, Renoir, s'y appliquerait, dans ces années, d'une façon dominante.

Manet et ses amis allaient donc adopter des manières de

vivre dissemblables, en rapport avec leurs manières de travailler différentes. Alors que Manet, essentiellement un Parisien attaché au Boulevard, resterait à peindre des figures et des sujets dans l'atelier, pour n'en sortir qu'aux occasions spéciales où il voudrait peindre des scènes en plein air, les autres délaisseraient Paris et s'établiraient à la campagne, abandonnant le travail de l'atelier, pour se tenir en plein air, directement devant la nature.

Les années de réunions au café Guerbois ont été fécondes. Manet donne aux hommes venus se grouper autour de lui la technique des tons clairs et lumineux et, en échange d'idées, ils s'avancent alors diversement, mais tous ensemble, dans la peinture du plein air. Il est resté, comme témoignage de cette heureuse entente, le tableau peint par Fantin-Latour, sous le titre d'*Un atelier aux Batignolles*, exposé au Salon de 1870. On y voit Manet peignant à un chevalet et autour de lui, les peintres qui avaient profité de son apport, Monet, Renoir, Bazille et les hommes de lettres qui s'étaient faits ses défenseurs, Zola, Zacharie Astruc. C'est d'ailleurs par une licence d'artiste que Fantin-Latour a groupé ses personnages dans un atelier, car, en réalité, ils ne s'y sont jamais réunis de la sorte; seul le café Guerbois les recevait ensemble.

La guerre de 1870 et l'invasion vinrent disperser Manet et ses amis.

II

Pissarro, pendant la guerre, devait se trouver à Londres, Monet à Amsterdam, Zola à Bordeaux. Manet demeuré à Paris devenait officier dans l'état-major de la garde nationale. Lorsque la paix fut revenue, le café Guerbois, délaissé pendant la guerre, resta définitivement abandonné. Les réunions qui s'y étaient tenues ne furent pas reprises. Pissarro, Monet, Sisley déjà établis hors de Paris avant 1870, s'y fixèrent définitivement, Pissarro à Pontoise, Monet à Argenteuil, Sisley à Voisins et bientôt après Cézanne alla lui-même résider à Auvers. Les peintres amis de Manet ne se trouvaient donc plus placés pour continuer avec lui et entre eux des relations aussi suivies qu'auparavant. Les rapports ne cessèrent point, mais ils furent moins fréquents et eurent lieu dans l'appartement où Manet travaillait. Peu après la guerre, il avait en effet quitté son atelier à l'écart, dans la rue Guyot, aux Batignolles, pour venir occuper, 4, rue de Saint-Pétersbourg, en plein Paris, un entresol, où il put recevoir facilement ceux qui le recherchaient.

Cependant les jeunes peintres peignant en tons clairs et en plein air avaient peu à peu attiré l'attention. Les réunions du café Guerbois n'étaient point restées ignorées, des journaux en avaient parlé. On avait alors plus ou moins su que des artistes se réunissaient autour de Manet et subissaient son influence. Ce groupement avait d'ailleurs paru tout à fait bizarre, formé d'hommes sûrement dévoyés. Le tableau de Fantin, un *Atelier aux Batignolles*, exposé au Salon de 1870 avait été regardé. Après cela Manet et ses amis furent désignés comme formant l'école des Batignolles. Les jeunes peintres avaient rallié des amis encore rares mais qui cependant achetaient de leurs tableaux et les vantaient autour d'eux. Quelques marchands étaient venus, qui en montraient à leur clientèle.

Les peintres développant une nouvelle formule commençaient donc à être connus dans le monde qui s'occupe des choses d'art, et ils pensèrent maintenant à conquérir l'attention du grand public, en exposant systématiquement leurs œuvres. Ils eurent alors à résoudre la question de savoir s'ils exposeraient aux Salons ou ailleurs. Ils avaient pu, malgré des refus assez fréquents, pénétrer suffisamment aux Salons avant 1870. Pissarro, l'aîné de tous, avait commencé à exposer des paysages aux Salons, dès 1859. Refusé en 1863, il avait exposé au Salon des refusés de cette année-là. Il avait ensuite été reçu aux Salons de 1865, 1866, 1868, 1869 et 1870. Il n'avait pas encore développé sa manière claire, sa gamme de couleur dans la donnée de Corot et de Courbet, s'était fait accepter. Mlle Berthe Morisot avait de même exposé à de nombreux Salons sans rencontrer d'hostilité. 1868 avait vu les futurs Impressionnistes Pissarro, Monet, Sisley, Renoir exposer ensemble à un même Salon. Renoir envoyait surtout une toile importante,

Lise, peinte en plein air et déjà claire pour l'époque, mais qui dépendant encore de la technique de Courbet n'avait pas suscité d'opposition décidée. Pendant ces années de début, les toiles les plus osées étaient venues de Claude Monet, qui s'était mis tout de suite avec le plus de hardiesse, à peindre en plein air, en tons clairs et tranchés.

En définitive s'ils avaient pu, avant 1870, se faire recevoir aux Salons d'une manière fréquente, ils le devaient à ce que la notoriété acquise n'était encore que restreinte, à la circonstance que l'emploi des tons clairs n'apparaissait toujours chez eux qu'atténué, et en outre à ce fait qu'épars dans les salles, leurs pratiques communes n'avaient point pu frapper, mais aussi n'avaient-ils obtenu aucun avantage commun de groupe. Ils avaient donc pu pénétrer aux Salons avant la guerre, mais lorsqu'après ils s'enhardirent à développer tout à fait leur manière, lorsqu'ils vinrent à être connus, que l'attention fut fixée sur eux, qu'ils furent tenus pour des révoltés, que leurs œuvres eurent acquis un tel caractère de nouveauté qu'elles ne purent plus passer sans soulever l'animadversion, il était certain que les Salons se fermeraient pour eux et qu'ils y seraient refusés systématiquement. D'ailleurs, en supposant qu'on les y eût encore admis, ils n'y figureraient jamais que dispersés, loin les uns des autres. Ils continueraient à n'y obtenir qu'une attention distraite, les principes qu'ils représentaient à l'état de groupe ne pourraient arriver à se manifester avec assez d'évidence pour être reconnus. Ils vont donc renoncer à envoyer aux Salons. Ils exposeront ailleurs tous ensemble.

L'année 1871, par suite de la guerre étrangère et de la guerre civile, n'avait pas vu de Salon. Repris en 1872 et en 1873 les Salons ne reçurent d'œuvres des futurs Impressionnistes que de la seule Berthe Morisot. Renoir, qui s'était présenté isolément aux Salons de 1872 et de 1873, avait été refusé. Trois ans s'étaient ainsi écoulés sans qu'ils eussent pu se montrer au public. Pour des gens jeunes, ardents, désireux

Camille Pissarro. — Le Laboureur.
Gravure sur bois de Lucien Pissarro.

de se produire, c'était un long temps. Ils se concertèrent donc, afin de tenir en 1874 une exposition particulière. Mais alors Manet eut à décider s'il allait ou non exposer avec eux. Une première divergence s'était produite entre lui et eux, lorsqu'ils étaient allés s'établir à la campagne pour y peindre surtout en plein air, tandis qu'il restait à Paris, pour y peindre dans son atelier et n'aller travailler qu'accessoirement en plein air. Maintenant une nouvelle divergence survenait, qui accentuait la première. Il allait continuer d'exposer aux Salons, les laissant exposer ailleurs. Il avait en effet forcé l'entrée des Salons par une bataille éclatante, qui lui avait obtenu la renommée et il ne voulait pas perdre l'avantage acquis d'y paraître en excitant l'attention universelle, pour aller montrer ses œuvres à l'écart d'une manière bien moins retentissante. Il continuera ainsi à exposer aux Salons, pendant que ses amis, encore relativement à lui des débutants, livreront leur bataille sur un autre terrain.

Pissarro, Claude Monet, Sisley, Renoir, Berthe Morisot, Cézanne et Guillaumin, se produisaient donc tous ensemble à une première exposition en 1874. Cependant ils n'allaient pas se présenter seuls, à l'état de groupe trié, au public. Ils s'étaient associés avec d'autres artistes. C'était une tentative hardie que celle de tenir une exposition spéciale, elle entraînait à des frais relativement considérables, qu'ils désiraient faire partager. Pour attirer un nombre suffisant de visiteurs et avoir plus de chances d'obtenir l'attention de la presse, ils sentaient aussi qu'il fallait élargir le cercle et s'unir à des artistes déjà plus ou moins connus, ayant comme points de ressemblance avec eux l'indépendance d'esprit et la liberté de l'esthétique. Ils s'étaient donc combinés, pour former un assemblage qui prit le titre de *Société anonyme des artistes peintres, sculpteurs et graveurs*, avec Degas, Bracquemont, de Nittis, Brandon, des paysagistes, Boudin, Cals, Gustave Collin, Latouche, Lépine, Rouart et quelques autres, en tout trente exposants.

Une grande salle d'exposition manquant au centre de Paris, la *Société* avait loué, 35, boulevard des Capucines, une suite de pièces occupées par le photographe Nadar. Ce local se trouvait sur un boulevard où passe tout Paris. Les affiches mises à la porte attireraient suffisamment les regards, pour qu'un assez grand nombre de visiteurs se décidât à monter l'escalier et à payer le franc d'entrée, sur lequel les exposants comptaient pour couvrir leurs frais. L'exposition s'ouvrit le 15 avril. Le nombre des visiteurs fut relativement considérable et la notoriété fort accrue qu'acquirent en particulier les peintres de la nouvelle peinture dut les satisfaire. Mais d'ailleurs ce furent une notoriété et un renom désastreux. Le public ne vit en eux que des artistes dévoyés, ignorants, présomptueux, ne peignant que des choses informes.

Cependant ils allaient voir sortir pour eux de cette exposition une conséquence qu'ils n'avaient nullement prévue. Ils allaient en obtenir un nom, chose qui leur avait manqué jusqu'alors. En effet on a vu qu'en parlant d'eux, nous n'avons trop su comment nous y prendre, disant les amis de Manet, ou les peintres de la nouvelle peinture, ou les futurs

Impressionnistes. De même, jusqu'en 1874, ceux qui pouvaient s'occuper d'eux à un titre quelconque, ne savaient comment les désigner. Un nom leur manquait. Les uns disaient les Peintres de la nouvelle peinture. C'est ce titre de la *Nouvelle peinture* que Duranty, dans une brochure qui leur était con-

sacrée, prenait personnellement ; d'autres les appelaient les Indépendants ou encore les Intransigeants. Cependant quand une chose existe une appellation survient sûrement pour la désigner.

Au milieu des trente peintres qui se produisaient sur le boulevard des Capucines, les amis de Manet, ayant hardiment adopté la pratique des tons clairs et du plein air, attiraient surtout les regards. Claude Monet avait envoyé des toiles particulièrement caractéristiques, et c'est l'une d'elles qui allait faire surgir le nom. Il en exposait cinq, dont l'une avait pour titre : *Impression, soleil levant*, une vue prise

Scieur de long, croquis de M. Sisley, d'après son tableau.
(*L'Impressionniste*, Journal d'art, 28 avril 1877.)

dans un port. Des bateaux sur l'eau, légèrement indiqués apparaissaient au travers d'une buée transparente, qu'éclairait le soleil rouge. Au titre *Impression* correspondait une touche rapide et légère et des contours fondus dans une enveloppe générale. Une pareille œuvre donnait bien la formule de l'art nouveau. Aussi, par son titre et sa facture, fit-elle naître l'expression qui paraissait le mieux caractériser les artistes qui la représentaient, celle d'*Impressionnistes*.

Le mot, venu en quelque sorte spontanément sur les lèvres des visiteurs, fut pris et appliqué par *le Charivari*, le 25 avril. Un de ses rédacteurs, Louis Leroy, mettait Exposition des Impressionnistes, en tête d'un article consacré aux exposants du boulevard des Capucines. Le nom nouveau n'était du reste employé que dans le sens le plus défavorable, bon pour des êtres ignorants et présomptueux. L'article n'était qu'une suite de railleries et de sarcasmes. Le *Charivari* était alors dirigé par Pierre Véron, un homme sans jugement artistique. Il faisait systématiquement bafouer Manet. Il devait repousser Forain comme dessinateur, incapable de découvrir la moindre apparence de talent dans ce qu'on lui montrait de lui. Et maintenant que les Impressionnistes survenaient, il ne laissait entrer leur nom dans son journal qu'à titre de dénigrement.

Le nom d'Impressionnistes employé par le *Charivari* mit du temps à se répandre; il ne devint d'un usage général qu'après quelques années. Les artistes auxquels on l'appliquait ne le remarquèrent d'abord point, puis lorsqu'il fut assez répandu pour qu'ils ne pussent l'ignorer, ne le voyant employé qu'en mauvaise part, ils le repoussèrent. Ce ne fut qu'ensuite, lorsqu'il fut tout à fait usité, que faute d'avoir pu trouver eux-mêmes un autre nom à se donner, ils finirent par l'accepter et se l'appliquer. L'exposition d'avril 1874, sur le boulevard des Capucines, quoiqu'elle n'ait attiré que la curiosité banale des passants ou n'ait été signalée que comme chose méprisable, a marqué, on le voit maintenant, une date importante dans l'histoire de l'art français au xixe siècle. Là se sont produits ensemble, pour la première fois, des peintres dont la technique, le système, les procédés constituaient un apport nouveau et là encore se créaient les mots Impressionnistes et Impressionnisme, dont on peut dire qu'ils ont fait le tour du monde.

En attendant, les peintres que nous appellerons maintenant les Impressionnistes ne retiraient que mépris de leur exposition. Leurs œuvres devenaient invendables. Les soi-disant connaisseurs, les collectionneurs, se refusaient tout particulièrement à en acheter. Les Impressionnistes devaient le reconnaître, à l'occasion d'une vente qu'ils tentaient en mars 1875. Ils l'avaient entreprise, tant pour continuer à se montrer au public, à défaut d'une exposition qu'ils n'étaient pas à même de faire cette année, que pour se procurer quelque argent. Claude Monet, Sisley, Renoir, Berthe Morisot faisaient donc passer aux enchères, à l'Hôtel Drouot, 70 tableaux. Ceux qu'ils essayaient de pousser, en élevant quelque peu les prix, devaient être retirés. Ils ne trouvaient d'acquéreurs pour les autres, laissés à des prix très bas, que dans un tout petit cercle d'amis. Le total de la vente ne dépassait pas 10.346 francs, tant pour les tableaux retirés que vendus.

Cependant ils n'étaient point hommes à fuir le combat, ils renouvelleraient leurs expositions avec persistance. Ils n'avaient pas été en mesure d'en tenir une en 1875 et leur seconde exposition ne put avoir lieu qu'en 1876, deux ans après la première. Elle se fit dans les galeries de M. Durand-

Ruel, rue Le Peletier. Pissarro, Claude Monet, Sisley, Renoir, Berthe Morisot s'y représentaient ensemble. Une recrue, Caillebotte, apparaissait avec eux pour la première fois; Cézanne et Guillaumin manquaient. Le nombre des peintres n'appartenant pas à leur système avait décru. Au

Sisley. — Réduction d'une lithographie.

lieu de 30 exposants en 1874 il ne s'en trouvait en tout que 19 en 1876. Le nom d'Impressionniste devint d'un usage commun, à l'occasion de cette seconde exposition. Les visiteurs, les journalistes, les critiques s'en servirent comme d'un terme approprié et expressif.

Les Impressionnistes retiraient donc de leur seconde exposition un surcroît de notoriété, mais sans progresser dans la faveur publique. Au contraire, à mesure qu'ils devenaient plus connus, ils se voyaient plus méprisés. Voici par exemple de quelle manière Albert Wolff, alors réputé comme critique, parlait d'eux dans le *Figaro*[1] : « La rue Le Peletier a du malheur. Après l'incendie de l'Opéra voici un nouveau désastre qui s'abat sur le quartier. On vient d'ouvrir chez Durand-Ruel une exposition qu'on dit être de peinture. Le passant inoffensif entre et à ses yeux épouvantés s'offre un spectacle cruel. Cinq ou six aliénés, dont une femme, s'y sont donné rendez-vous pour exposer leurs œuvres.

« Il y a des gens qui pouffent de rire devant ces choses-là, moi j'en ai le cœur serré. Ces soi-disant artistes s'intitulent les Intransigeants, les Impressionnistes. Ils prennent des toiles, de la couleur et des brosses, jettent au hasard quelques tons et signent le tout. C'est ainsi qu'à la Ville-Evrard des esprits égarés ramassent les cailloux sur leur chemin et croient avoir trouvé des diamants. »

Plus que jamais décidés à poursuivre le combat, ils organisaient une troisième exposition en avril 1877. Elle se tenait au n° 6 de la rue Le Peletier, au premier étage d'une maison en réparation, loué pour la circonstance. Ils disposaient ainsi des pièces d'un vaste appartement, qui leur donnait l'espace suffisant pour montrer les 241 toiles réunies. Ils étaient sur une rue passante, en vue du boulevard, ce qui leur assurerait des visiteurs.

Cette fois-ci le groupe des Impressionnistes purs remplissait presque entièrement l'exposition. En effet, renonçant au

---

[1] 3 avril 1876.

titre primitif de *Société anonyme,* qui ne constituait point un vrai nom, ils se décidaient à s'approprier le nom d'Impressionnistes, qu'on leur avait donné à leur insu et qu'ils avaient jusqu'ici repoussé. Pendant l'exposition, ils allaient publier, sous le titre de l'*Impressionniste, journal d'art,* une feuille de propagande ornée de dessins. Cette prise de possession du mot Impressionniste avait amené à se retirer ces artistes moins osés, peignant dans une gamme moins colorée, qui s'étaient à la première exposition tenus avec eux. Au lieu de trente exposants en 1874 et de dix-neuf en 1876, il ne s'en trouvait plus maintenant que dix-huit. Et comme tous les vrais Impressionnistes revenaient cette fois-ci ensemble, Pissarro, Claude Monet, Sisley, Renoir, Berthe Morisot, Cézanne, Guillaumin avec Caillebotte et quelques autres recrues, leurs tableaux tenaient presque toute la place. De ce fait l'exposition moins mélangée avait un caractère plus tranché et une apparence d'intransigeance plus marquée que la première de 1874. En outre, comme ils étaient animés d'un même esprit et d'une égale ardeur, que se soutenant, s'encourageant, se stimulant les uns les autres, ils avaient depuis trois ans développé et accentué les particularités qui les distinguaient, leur troisième exposition était autrement audacieuse que la première. Les Impressionnistes s'étalaient donc cette fois-ci pour le public, dans la plénitude de leur monstruosité ; aussi produisirent-ils sur lui un effet extraordinaire d'hilarité, de mépris, d'indignation, d'horreur.

L'exposition devint un événement parisien. On en parlait

comme d'une chose surprenante, dans les cafés du boulevard, les cercles et les salons. Elle fut donc très visitée. Mais on n'y était point attiré par un intérêt artistique quelconque. On
n'y allait que pour se donner unplaisir d'excentricité par le spectacle de productions considérées comme extravagantes. Aussi étaient-ce des rires et des haussements d'épaules constants de la part des visiteurs. On voyait des gens qui, en perspective de la gaîté attendue, riaient dès la rue, puis en montant les escaliers et qui, entrés dans les salles, se tordaient au premier coup d'œil. Le courant était tellement violent, que les quelques partisans ralliés par les Impressionnistes se trouvaient absolument impuissants à agir sur l'opinion d'aucun visiteur, même de ceux qu'ils connaissaient; toute apologie ou défense qu'ils voulaient présen-

Renoir.

ter, était immédiatement arrêtée, comme une prétention à se moquer du public.

L'apport des nouveautés en peinture ne s'est jamais produit, au XIXe siècle, sans soulever une opposition plus ou moins violente. Si les Impressionnistes étaient aussi mal traités à leur exposition de 1877, c'est qu'ils avaient atteint leur plein développement et qu'ils montraient réellement des œuvres d'un caractère différent de ce que l'on avait encore vu. Cézanne était de tous celui qui excitait et devait exciter longtemps le plus d'horreur. On peut dire, pour caractériser l'opinion qu'on s'en formait, qu'il faisait l'effet d'un monstre, d'un ogre. Il avait mis du temps à pleinement se développer. A la première exposition en 1874, il envoyait *la Maison du pendu à*

Lise. — Dessin de Renoir, d'après son tableau.

Auvers, une œuvre déjà puissante, mais qu'il devait dépasser et qu'il dépassait en effet, en intensité de coloris et en originalité de facture, avec le portrait de M. Choquet et les paysages exposés rue Le Peletier. Claude Monet, Sisley, Renoir, Guillaumin montraient, portées à l'extrême point, les particularités de l'Impressionnisme de plein air. Pissarro exposait des potagers, des champs de choux, sujets jugés absolument bas, vulgaires, la négation de tout art.

Renoir.

Les exposants dans leur hardiesse faisaient donc l'effet de barbares, d'ignorants, de malotrus et ils étaient traités comme tels par le public, la presse et les critiques. *Le Charivari*, qui ne leur avait d'abord trouvé un nom que pour les dénigrer, les poursuivait d'injures. On peut résumer l'opinion commune à leur égard, par ce jugement porté dans *la Chronique des Arts et de la curiosité* : « MM. Claude Monet et Cézanne, heureux de se produire, ont exposé le premier 30 toiles, le second 14. Il faut les avoir vues pour s'imaginer ce qu'elles sont. Elles provoquent le rire et sont cependant lamentables. Elles dénotent la plus profonde ignorance du dessin, de la composition, du coloris. Quand les enfants s'amusent avec du papier et des couleurs, ils font mieux. MM. Levert, Guillaumin, Pissarro, Cordey, etc. ne méritent pas en vérité qu'on s'arrête devant eux. »

Signé : Roger Ballu.

Lorsque l'exposition se ferma, les Impressionnistes étaient donc parvenus à une grande renommée, mais à une renommée qui en faisait des condamnés. Ils voulurent se procurer quelque argent par une nouvelle vente aux enchères. Elle n'eut pas meilleur succès que la première tentée en 1875. 45 toiles de Caillebotte, Pissarro, Sisley, Renoir ne produisaient que 7,610 francs et encore un assez grand nombre d'entre elles avaient-elles dû être retirées. La vente eut lieu à l'Hôtel Drouot, le 28 mai, devant un public qui s'était rendu là, pour continuer les rires et les mépris dont il avait gratifié les peintres à leur exposition, rue Le Peletier. Les toiles soulevaient des huées, à mesure qu'on les présentait. On s'amusa à en passer plusieurs de mains en mains, tournées de haut en bas. C'était une plaisanterie que *le Charivari* avait inaugurée, en prétendant que dans les paysages des Impressionnistes on ne distinguait point de ligne d'horizon, que la terre, les eaux, les ciels restant informes, on pouvait faire indifféremment du bas de la toile le haut et du haut le bas. Cette plaisanterie devint à la mode. Elle s'établit au théâtre, où dans les revues on introduisit un rapin impressionniste, incapable lui-même de découvrir le haut et le bas des toiles, qu'il barbouillait sur la scène devant le public.

Ce soulèvement de l'opinion, ces manifestations d'universel mépris eurent pour résultat d'enlever aux malheureux artistes la possibilité de vendre leurs œuvres, même aux plus bas prix. Les quelques amis qu'ils s'étaient faits, dont les ressources étaient très limitées, n'ayant pu se grossir de recrues, il ne se trouva bientôt plus personne pour en acheter. M. Durand-Ruel, le seul grand marchand qui eut réellement soutenu les Impressionnistes et qui avait commencé à leur trouver des acheteurs, lorsqu'ils n'étaient pas encore trop signalés au mépris public, maintenant que la réprobation était devenue générale, ne put plus du tout vendre de leurs œuvres. Après avoir longtemps persisté à en empiler chez lui au prix de gros sacrifices, il se trouva à la fin épuisé et dut s'abstenir. Alors ce furent, pendant des années, la gêne complète, la misère noire, pour ceux d'entre eux qui devaient demander au produit de leur pinceau, leurs moyens entiers d'existence.

Il faut dire à la gloire de ces hommes que le mépris, les opprobres, la pauvreté ne les ont à aucun moment amenés à dévier de leur voie. Ils se sont tenus à leur manière tant honnie, sans chercher un seul instant à la modifier en quoi que ce soit pour se faire accepter du public. Ils ont attendu pendant de longues années, tout le temps nécessaire, que le public vînt à eux et qu'un changement d'opinion se produisît, soutenus par la conviction qu'ils avaient de la justesse de leurs principes et de la valeur de leur art.

En 1877, à l'issue de leur exposition, les Impressionnistes ne pouvaient donc compter sur aucun appui. Leurs rares amis demeuraient impuissants et ils devaient subir l'insuccès et la misère. C'est le temps qui allait travailler pour eux. C'est leur persistance à se montrer, qui amènerait le public à se familiariser avec eux et à trouver à la fin bonnes des formes qui, a leur apparition, lui auraient semblé monstrueuses. Les Impressionnistes vont donc continuer leurs expositions. Elles n'auront plus il est vrai l'importance et ne feront plus le bruit de celle de 1877, qui marque un point culminant et le faisceau des sept se trouvera relâché. Cézanne possesseur d'une aisance personnelle, que n'inquiétait point le souci de vente, ne prendra plus part à aucune exposition. Les autres continueront, mais parmi eux Pissarro et Berthe Morisot seront les plus assidus, tandis que Monet, Sisley, Renoir, Guillaumin, s'abstiendront à plusieurs reprises, tantôt l'un, tantôt l'autre.

Des expositions successives avaient ainsi lieu, en 1879, avenue de l'Opéra; en 1880, rue des Pyramides; en 1881, 35, boulevard des Capucines; en 1882, rue Saint-Honoré; en 1886, 1, rue Laffitte. En 1880, une exposition exclusive d'œuvres de Claude Monet se tenait sur le boulevard des Italiens, aux bureaux du journal *la Vie moderne*. En 1883, M. Durand-Ruel ayant loué temporairement le premier étage de la maison n° 9 du boulevard de la Madeleine, y faisait pendant quatre mois, de mars à juin, des expositions consacrées chaque fois à un peintre, d'abord à Claude Monet, puis à Renoir, Pissarro et Sisley. On voit ainsi que les expositions des Impressionnistes changeaient chaque fois de lieu. Elles ont eu une sorte de caractère ambulant. La plupart ont encore présenté cette singularité de se tenir dans des appartements inoccupés de maisons neuves ou en réparation, loués momentanément pour la circonstance. La principale condition que l'on demandait aux locaux était de se trouver sur une voie fréquentée, où l'on put attirer l'attention de nombreux passants.

Ces expositions faisaient de plus en plus connaître les Impressionnistes, mais sans qu'ils vissent d'abord changer

Portrait de Wagner. — Dessin de Renoir, d'après son tableau.

l'opinion à leur égard et qu'ils en retirassent de réels avantages. La lutte ingrate se prolongea donc pendant des années. Vers 1886-1888 le milieu devenait plus favorable. Les amis de la première heure avaient fait des recrues. De nouveaux venus se mettaient à peindre dans la gamme claire. Ils étendaient le cercle de l'Impressionnisme et donnaient une certaine consécration aux premiers apparus. Des défenseurs leur arrivaient dans la presse. Ils allèrent alors gagnant sans cesse du terrain. A partir des années 1894-1895, un changement décisif se produisait, qui amenait tout à coup les collectionneurs en France et à l'étranger à rechercher ces mêmes œuvres impressionnistes, d'abord si honnies et méprisées.

L'époque de la misère était passée et, quoique l'opposition et le dénigrement persistassent dans de nombreux quartiers et que la lutte dût être poursuivie, la victoire définitive et éclatante ne fut plus douteuse.

III

Berthe Morisot.

Comment l'art des Impressionnistes présentait-il des traits inattendus ? D'où lui venait cet aspect à part, qui excitait d'abord le rire, le mépris et l'horreur ?

A leur point de départ, les Impressionnistes avaient pris à Manet la technique des tons clairs débarrassés des ombres traditionnelles et ils s'étaient mis à peindre directement en plein air, devant la nature. Ils avaient trouvé déjà en usage la pratique de peindre en plein air, ils n'en étaient pas les inventeurs. Constable en Angleterre, Corot et Courbet en France l'avaient appliquée auparavant, mais ceux-ci ne s'en étaient servi qu'accessoirement, pour obtenir des esquisses et des études, leurs vrais tableaux étant toujours peints à l'atelier. La grande innovation des Impressionnistes avait été de généraliser l'exception. Ils s'adonnèrent systématiquement à la peinture du plein air. Tous leurs paysages, pour les peintres de figures, tous les tableaux avec fond de paysage, furent exécutés au dehors, dans l'éclat vif de la lumière, entièrement devant la scène à représenter.

L'emploi exclusif des tons clairs et l'usage persistant de peindre en plein air dans la lumière, formaient une combinaison neuve et hardie, d'où devait sortir un art aux traits nouveaux. En effet le peintre qui se tenait tout le temps devant la nature était conduit à en saisir les colorations variées et fugitives, négligées jusqu'alors. Un paysage n'était plus pour lui le même, par le soleil ou le temps gris, par l'humidité ou la sécheresse, le matin, à midi ou le soir. Le peintre enfermé dans l'atelier avait donné à la nature une sorte d'aspect uniforme, de caractère constant, que le peintre en plein air ne pouvait connaître. Pour le peintre dans l'atelier le feuillage avait été d'un vert déterminé, l'eau avait eu une « couleur d'eau » permanente, le ciel avait été d'un certain bleu et les nuages d'un certain gris. Mais à l'Impressionniste, les scènes naturelles, sur lesquelles il tenait tout le temps les yeux, ne purent se présenter que sous les aspects divers, que les variations de la lumière et les changements de l'atmosphère leur faisaient prendre. Et comme l'Impressionniste disposait des ressources procurées par l'emploi des tons clairs, débarrassés d'ombre, il put appliquer sur ses toiles ces couleurs éclatantes, qui correspondaient aux effets variés, que les scènes naturelles lui offraient. On vit ainsi apparaître, dans les tableaux des

Impressionnistes, les plaques de lumière que le soleil, passant à travers le feuillage, étend sur le sol, on vit reproduits les verts tendres et aigus qui couvrent la terre au printemps, les champs brûlés en été par le soleil prirent des tons roussis, l'eau n'eut plus de couleur propre mais les reçut toutes, en succession. Puis les Impressionnistes, ayant découvert que les ombres, selon les effets de lumière, sont en plein air diversement colorées, peignirent sans hésiter des ombres bleues, violettes, lilas.

Les œuvres ainsi exécutées présentèrent tout à coup au public

Berthe Morisot.

une coloration qu'il n'avait encore jamais vu apparaître en peinture. Elles pouvaient bien correspondre au véritable aspect de la nature vue d'une certaine façon, mais comme personne n'a l'habitude de regarder la nature, pour décider de sa correspondance avec les tableaux peints, qu'on ne juge que par comparaison avec le genre de peinture alors couramment accepté et qui a façonné les yeux, les œuvres des Impressionnistes devaient à leur coloris nouveau et imprévu, une méconnaissance absolue.

Le fait que les Impressionnistes peignaient systématiquement devant la nature, les amenait encore à présenter des formes générales autres que celles des devanciers. Leurs œuvres n'allaient plus avoir aucun reste des contours arrangés, des dispositions conventionnelles dont le paysage peint dans l'atelier n'avait pu entièrement se défaire. Le paysage depuis le commencement du XIX° siècle, s'est de plus en plus rapproché de la nature. Au paysage historique, où la nature était absolument « architecturée », ont succédé des œuvres plus intimes, aux formes plus simples. Cependant Rousseau et Corot, par exemple, ont conservé encore très sensible une part de l'ancienne pratique de modifier les scènes reproduites. On voit très bien que Rousseau arrange à l'atelier les sites qu'il peint, qu'il traite en particulier ses chênes comme des personnages, appelés à prendre une attitude. Que Corot lui-même, qui a serré la nature de si près dans ses études et ses figures, n'a point d'abord été admiré pour cette part de son œuvre, mais pour ses tableaux équilibrés où dansent des Nymphes.

Les Impressionnistes, eux, peignant directement devant la nature, n'ont plus eu le temps et la faculté de faire le travail de reconstruction, d'embellissement, de métamorphose auquel

Vue de Honfleur. — Dessin de CLAUDE MONET.

s'étaient livrés les peintres demeurés à l'atelier. Non seulement leurs œuvres ont pris de ce fait des formes plus simples, mais l'ordre des motifs s'est étendu. Les devanciers arrangeant dans l'atelier avaient rendu la nature sous certains aspects préférés, ils avaient recherché des sites jugés particulièrement nobles, pittoresques et comme tels tenus seuls pour dignes d'être reproduits. L'Impressionniste parti pour peindre en plein air, frappé par un effet momentané de l'atmosphère, de la lumière ou de la végétation, se mettant directement à le fixer sur sa toile à l'état d'œuvre définitive, ne s'est plus préoccupé du site où il le découvrait. Il était sur la grande route et il l'introduisait sur sa toile avec les arbres ébranchés qui la bordent, et ce motif lui paraissait aussi noble que tout autre. Il se trouvait devant un village et il le peignait avec les jardins potagers ou les champs de légumes, qui pouvaient l'entourer. Lorsqu'il rencontrait de l'eau, il ne s'inquiétait point, comme l'avaient fait tant d'autres, si elle était limpide et apte à refléter les objets, mais il la saisissait sous tous ses aspects, la trouvant aussi intéressante par les temps gris et les grandes pluies, qui la rendent jaune et opaque, que par le soleil, qui en fait un miroir transparent.

Les œuvres des Impressionnistes, en ne mettant plus sous les yeux du public des tableaux arrangés, des sites choisis, des motifs embellis, rompaient avec les formes admises et, par surcroît, les touches fondues, la facture large employées à leur exécution, ajoutaient de nouveaux traits imprévus à leur physionomie anormale. Les contours dans les œuvres impressionnistes n'avaient pu rester aussi arrêtés que dans l'ancienne peinture, les lignes aussi rigides, les formes aussi précises. Quand l'Impressionniste peignait le brouillard ou les buées qui enveloppent les objets, quand il peignait les plaques de lumière vacillantes qui, à travers les arbres agités par le vent, viennent éclairer certaines parties du sol, quand il peignait l'eau houleuse de la mer se brisant en embrun sur les rochers, ou le courant rapide d'une inondation, il ne pouvait espérer réussir à rendre son effet, qu'en supprimant les contours rigides et arrêtés. C'était réellement l'impression que les choses faisaient sur son œil qu'il voulait fixer, des sensations de mouvement et de lumière qu'il voulait donner, et il ne pouvait y parvenir qu'en laissant souvent sur sa toile les lignes indéfinies et les contours flottants.

Le public se trouvait donc déconcerté de toutes les manières devant les œuvres des Impressionnistes. Elles lui offraient un système de coloris, une variété de tons, un éclat de lumière tout nouveaux, elles ne lui présentaient plus ces sites choisis, ces motifs arrangés auxquels il était accoutumé, elles substituaient une touche large, des contours flottants aux lignes arrêtées traditionnelles. Ne possédant plus ces traits que l'habitude avait fait considérer comme essentiels dans toute œuvre d'art, elles faisaient naturellement l'effet de choses grossières, monstrueuses, de simples esquisses et ébauches sans forme.

IV

Nous avons évité de comprendre Degas parmi les Impressionnistes, bien qu'il se soit tenu tout le temps avec eux aux expositions et qu'aujourd'hui on le classe aussi généralement avec eux ; mais c'est qu'aujourd'hui la portée du nom d'Impressionniste s'est énormément étendue et a perdu toute précision. Si l'on veut rester exact, on doit tenir Degas à part des Impressionnistes ; ses origines, la nature de son art l'en distinguent. On va du reste à l'encontre de ses désirs, lorsqu'on en fait un des leurs. Il a personnellement toujours repoussé le titre d'Impressionniste. Quand, à l'exposition de 1877, ceux qui laissaient réellement voir ces traits qui l'avaient fait naître l'adoptèrent enfin, il s'y opposa le plus qu'il put. Degas n'a de commun avec les Impressionnistes que le coloris, qu'il leur doit pour une part. Autrement il n'a pas pratiqué systématiquement comme eux la peinture en plein air, qui leur reste propre, sa technique est d'un autre ordre. Il a son point de départ dans la tradition classique, il est avant tout un dessinateur. Ses ancêtres sont Poussin et Ingres. On trouve, à ses débuts, une copie magistrale de l'*Enlèvement des Sabines* et des dessins exécutés selon les procédés d'Ingres. Sa première œuvre personnelle a été une Sémiramis, conçue dans la pure donnée de la peinture d'histoire, à laquelle les Impressionnistes sont toujours restés étrangers ou hostiles.

Degas, pénétré de l'esprit de son temps, a délaissé la peinture d'histoire, qui l'avait d'abord séduit, pour peindre des sujets modernes, mais il n'a jamais dévié de la technique primitivement adoptée. Il est resté le dessinateur savant de la donnée classique. Il est d'une génération un peu antérieure à celle des Impressionnistes, de celle de Manet, de Whistler et de Fantin-Latour. Ceux-ci se sont fait connaître avec éclat dès 1863, au Salon des Refusés. En retard vis-à-vis d'eux, il ne se développe et ne produit lui-même ses œuvres caractéristiques que quelques années après, mais ce détail n'empêche pas, qu'il doive être tenu sur le même plan qu'eux, plus âgé que les Impressionnistes, sauf Pissarro.

On ne saurait non plus ranger parmi les Impressionnistes, quoique maintenant on le fasse aussi communément, des paysagistes comme Boudin et Lépine, qui ont participé à la première exposition de 1874, mais se sont ensuite abstenus. Ils avaient entendu se tenir sur un terrain neutre, aussi lorsque le titre d'Impressionniste prévalut et servit à désigner les expositions, se retirèrent-ils, pour qu'il ne leur fut pas appliqué. Ils étaient demeurés attachés à une coloration grise, moins audacieuse que celle des Impressionnistes, et il était tout naturel qu'ils voulussent rester distincts de ceux dont ils différaient.

Nous avons maintenant à mentionner les adhérents, qui se sont joints aux premiers Impressionnistes et sont venus successivement exposer avec eux. Nous rencontrons là des artistes originaux, qui se sont, dans une mesure quelconque, appropriés les procédés et la gamme de l'Impressionnisme pour en faire un emploi personnel. Ils nous donnent le spectacle du développement graduel que peut prendre une donnée d'art. En les rangeant chronologiquement, d'après les années où ils ont pris part aux expositions, nous avons d'abord Caillebotte, qui expose dès 1876.

Cézanne.

Il montre cette année-là ses *Raboteurs de parquet*, peints il est vrai dans une gamme de couleur un peu assoupie, mais il éclaircira sa palette, surtout sous l'influence de Claude Monet. Puis Mlle Marie Cassatt, qui prend part aux expositions de 1879, 1880, 1881, 1886. Elle ne peut être appelée Impressionniste que par son coloris, qui devient de plus en plus éclatant et lumineux. Autrement elle a subi au début l'influence de Degas. Son dessin est expressif, son art plein de sentiment. Elle a aussi montré ses qualités de dessinateur dans une œuvre gravée très originale. Gauguin survient avec les expositions des années 1880, 1881, 1882 et 1886. Il se rapproche d'abord de Pissarro et de Cézanne. Ce n'est que plus tard, à Tahiti, qu'il produira des œuvres d'une palette très particulière. Seurat et Signac, à l'exposition de 1886, entrent dans une voie propre, où ils se donnent le nom de Néo-Impressionnistes. Ils inaugurent la division du coloris poussée à son extrême limite, jusqu'à l'emploi des couleurs primaires, appliquées à l'état pur et par points et minuscules touches, ce qui leur a fait donner aussi le nom de Pointillistes.

Les expositions des Impressionnistes s'arrêtent à l'année 1886. A ce moment le groupe, apportant une manifestation d'art nouvelle, a fait son effort d'ensemble. Ses membres, qui ont pleinement développé leur originalité, peuvent exister à l'état séparé. Les Impressionnistes désormais vont donc continuer individuellement à se pousser dans le monde, et à poursuivre le combat, chacun à part soi, jusqu'au succès définitif. Mais en même temps qu'ils réussiront à être appréciés et qu'ils finiront par se faire reconnaître pour des maîtres, leur influence s'exercera de toutes parts et l'Impressionisme gagnera autour d'eux et au loin. Indépendamment des artistes originaux, que nous avons vu se rallier à eux pour

CLAUDE MONET
Impression. Soleil levant.
(Exposition du Boulevard des Capucines 1874)

CLAUDE MONET
Impression. Soleil levant.
(Exposition du Boulevard des Capucines 1874)

participer à leurs expositions et des Néo-Impressionnistes développant une théorie particulière des couleurs, on verra une foule d'artistes adopter, dans des mesures diverses, leur coloris clair et l'utiliser comme partie intégrante de leur art. On va voir aussi survenir, alors que les procédés de l'Impressionnisme auront atteint leur complet développement, des hommes, qui adopteront la formule et se mettront à peindre d'après elle du premier coup. Le nombre des disciples ne saurait être limité et de nouveaux venus entreront chaque jour dans cette voie. Enfin l'Impressionnisme, passant les frontières de la France où il a pris naissance, est allé exercer son action au dehors. M. Max Liebermann devenu chef d'école en Allemagne a su vaincre l'opposition, que l'art traditionnel a voulu y mettre au développement de la libre esthétique impressionniste et personnelle. M. Wynford Dewhurst, influencé à son point de départ par Claude Monet, a

Guillaumin.

introduit l'Impressionnisme en Angleterre comme peintre et l'a défendu comme écrivain. Il se trouve maintenant des Impressionnistes par tous pays.

L'Impressionnisme a fini par devenir ainsi une chose diffuse et variée, qui a pénétré de toutes façons l'art de la pein-

Guillaumin.

ture. Mais aussi les noms d'Impressionnistes et d'Impressionnisme ont-ils perdu leur caractère précis. On peut dire qu'on les étend maintenant à tous les artistes et à toutes les œuvres qui laissent voir le rendu primesautier de la nature par un coloris clair, débarrassé des ombres conventionnelles. Dans ces conditions, sont à présent tenus pour Impressionnistes des peintres qui ont vécu avant que le mot ne fut même trouvé, d'autres qui lorsqu'il est apparu l'ont repoussé ou l'eussent repoussé s'ils eussent pu se douter qu'on le leur appliquerait. Enfin le nom est donné à des vivants de tendances, de procédés, de physionomie fort divers, qui l'acceptent volontiers, depuis qu'il a définitivement pris une signification favorable et entraîne l'idée d'une technique rénovée et de sensations personnelles.

Faisant ici de l'histoire et voulant être précis, nous devons réserver au début le nom d'Impressionnistes aux artistes qui l'ont d'abord suggéré et fait naître. Aux hommes qui, sous l'influence immédiate de Manet, ont adopté de 1865 à 1870 la technique des tons clairs débarrassés des ombres traditionnelles, puis qui l'ayant appliquée à la peinture en plein air, directement devant la nature, se sont, à deux expositions principales, en 1874 et en 1877, révélés avec éclat par des œuvres d'un caractère neuf et original.

PISSARRO

Camille Pissarro naquit le 10 juillet 1830 à Saint-Thomas, aux Antilles, de parents français israélites. Envoyé jeune en France pour faire son éducation, il fut mis chez M. Savary, qui tenait une pension à Passy. Son maître de pension lui donna ses premières leçons de dessin. Lorsqu'il fut rappelé à Saint-Thomas par son père, en 1847, ses goûts artistiques s'étaient tout à fait développés et il était arrivé à une pratique suffisante du dessin pour pouvoir la continuer, abandonné à lui-même. Son père, négociant, le destinait à prendre la suite de ses affaires et, en attendant, à le seconder. Alors commença l'habituel conflit entre le penchant artistique du jeune homme qui cherche à se satisfaire et l'autorité paternelle qui veut le détourner.

Le jeune Pissarro, en vaquant aux occupations auxquelles son père l'astreignait, trouva le temps de se livrer au dessin. Son maître de pension à Paris lui avait dit au départ : « Surtout n'oubliez pas de dessiner des cocotiers d'après nature. » Il dessinait donc des cocotiers d'après nature et les objets qui, autour de lui, sollicitaient ses regards. En 1852 un peintre danois, Fritz Melbye qui passait à Saint-Thomas, intéressé par ses goûts artistiques, l'emmena à Caracas, où il put dessiner et peindre tout à son aise. En 1855, devenu majeur, à même d'adopter la carrière de son choix, il revint en France, pour se consacrer entièrement à l'art.

Il se sentit particulièrement porté vers Corot et entra en rapports personnels avec lui. On doit toujours, en histoire, tenir compte des dates. Il ne faut donc point se représenter Corot, en 1855-1860, autrement que comme un artiste qui, peignant d'une manière très personnelle, n'était encore apprécié que d'une petite minorité de peintres et de connaisseurs. Pissarro, en le recherchant, laissait voir ainsi tout d'abord sa sûreté de jugement et son besoin d'innover. Il s'était déjà adonné, dans son île de Saint-Thomas, à travailler en plein air. Les conseils de Corot qui recommandait surtout de se tenir devant la nature, ne pouvaient que le confir-

Claude Monet

Le Pont d'Argenteuil

mer dans cette pratique. Il ne devint donc jamais l'élève régulier d'un de ces maîtres parisiens qui tiennent des ateliers en renom. Il fréquenta seulement de ces académies, où l'on peut dessiner et peindre d'après le modèle vivant. Il se consacre à la peinture de paysage. Il réside dans les environs de Paris, en 1859 à Montmorency, en 1863 à la Varenne-St-Hilaire, en 1867 à l'Hermitage, à Pontoise. Il envoie pour la première fois au Salon en 1859 un paysage peint à Montmorency, qui est reçu. Il est refusé aux Salons de 1861 et de 1863. Il expose ses paysages au Salon des Refusés, en 1863. Ses paysages sont ensuite reçus aux Salons de 1864, 1865, 1866.

PISSARRO. — La grand'route, près Louveciennes.

Il peignait alors dans une gamme sobre, dans la manière qui prévalait parmi les peintres influencés par Corot et Courbet. Ses paysages de cette première époque sont particulièrement fermes, par plans simplifiés, dans une note générale de verts austères et de gris un peu sombres. Aujourd'hui, par comparaison avec les œuvres produites depuis, ils constitueraient ce que l'on pourrait appeler sa manière noire.

Mais la sensation du plein air et des valeurs s'y trouve déjà, et les oppositions conventionnelles de parties tenues dans l'ombre et d'autres éclairées artificiellement, ne s'y trouvent point.

A ce moment, Manet survint. Il repoussait la pratique généralement suivie des oppositions constantes d'ombres et de clairs, pour peindre en pleine lumière et juxtaposer sans transition les couleurs les plus tranchées, ce que personne n'avait encore osé faire. Pissarro fut tout de suite attiré par cette technique. Il fit la connaissance personnelle de Manet en 1866 et lorsque le café Guerbois fut devenu un centre où les révoltés contre l'art officiel et les audacieux en quête de renouveau, prirent l'habitude de se rencontrer avec Manet, il le fréquenta d'une manière suivie. Il s'y lia d'amitié avec Claude Monet et les autres artistes, qui devaient être appelés les Impressionnistes. Il était là un des tenants de la peinture en plein air. Il s'y livrait depuis des années et maintenant il la préconisait, en y appliquant la technique des tons clairs, adoptée, comme une innovation féconde, par lui et ses amis.

Pissarro, après s'être marié, vint habiter en 1868, à Louveciennes, une maison située sur la grande route de Versailles à Saint-Germain, tout près des arcades de l'aqueduc de Marly. Il devait y rester jusqu'à la guerre et les trois années 1868, 1869 et 1870 lui ont été profitables. Il peint d'une manière de plus en plus claire. S'il était possible de ranger chronologiquement les paysages exécutés à cette époque, on y verrait la progression vers la clarté et la lumière s'accomplir, on pourrait dire jour par jour.

Il n'avait en réalité point vendu de tableaux jusqu'alors. Sa mère lui faisait depuis son retour en France, une petite pension qui lui avait permis de vivre, mais qui cesse à ce

PISSARRO. — Paysage.

moment où, heureusement pour lui, il commence à pouvoir vendre de ses toiles. Celles qu'il peignait à Louveciennes lui étaient en partie achetées par un marchand, qu'on appelait le père Martin. C'était un très brave homme, qui avait exercé l'état de maçon, avant de se mettre à vendre des tableaux. Il était connaisseur d'instinct. Il avait un des premiers offert des tableaux de Corot et de Jongkind, maintenant que ces deux peintres commençaient à être acceptés et que leurs œuvres atteignaient un certain prix, recherchant de nouveaux venus, il était entre autres allé à Pissarro. Il lui payait ses

PISSARRO. — Effet de neige.

toiles de petite dimension 40 francs, il s'efforçait de les vendre 80 francs. Quand il ne pouvait y parvenir, ce qui était souvent le cas, il se rabattait sur le prix de 60 francs, satisfait d'un bénéfice de 20 francs. Les petites toiles de cette époque ont aujourd'hui pris place dans les meilleures collections. Elles sont parmi les plus appréciées de Pissarro. Ce

Pissarro. — Vue prise à Rouen.

sont des vues de la grande route sur le bord de laquelle il habitait, ou la reproduction des motifs champêtres qui s'offraient aux alentours.

Pissarro se livrait paisiblement à son art lorsqu'il fut surpris par la guerre. Sa maison, dans le rayon de l'investissement de Paris, allait être occupée avec toutes celles du voisinage par les soldats ennemis. Il dut l'abandonner précipitamment, y laissant les deux ou trois cents toiles, accumulées depuis qu'il peignait autour de Paris. Ce fut pour lui un désastre. Ses toiles furent perdues. Elles ont probablement été brûlées, car on n'en n'a point retrouvé la trace. C'est ce qui explique que ses œuvres de début, celles qu'il peignit avant 1868, soient si rares aujourd'hui.

Pissarro, chassé de Louveciennes par l'invasion allemande, se réfugia d'abord dans la Mayenne chez Piette, puis à Londres, où il séjourna pendant la guerre et la Commune. Il y peignit des vues dans les environs, en particulier à Norwood, près du Palais de Cristal. Lorsque la guerre étrangère et la guerre civile eurent pris fin, il rentra en France, mais il ne retourna point à Louveciennes. Il s'établit à Pontoise, pour y demeurer dix ans, de 1872 à 1882.

A cette époque, Cézanne vint habiter à Auvers, où se trouvait déjà Vignon. Pissarro, tout auprès, à Pontoise, allait les retrouver. Ils formèrent ainsi un trio, travaillant ensemble, causant de leur art, se communiquant leurs idées. Cézanne n'avait encore guère peint de tableaux qu'à l'atelier. Ce fut à Auvers, à côté de Pissarro et de Vignon, qui eux, travaillaient depuis longtemps en plein air, qu'il se mit, avec la ténacité qui lui appartenait, à peindre des paysages directement devant la nature. Ce fut aussi à ce moment qu'il trouva son coloris tout à fait personnel. Cézanne s'était avancé dans une voie qu'il n'avait pas encore parcourue à l'exemple de

PISSARRO. — Bords de l'Oise.

ses deux amis, mais lorsqu'il eut développé sa gamme de tons, si harmonieuse dans ce qu'on pourrait appeler sa violence, les autres surent en profiter. A cette époque, Pissarro peint des paysages où entre, pour une part, un coloris éclatant, suggéré par celui de Cézanne.

En faisant l'histoire des Impressionnistes, on a sans cesse à noter l'influence qu'ils ont exercée les uns sur les autres et les emprunts qu'ils se sont faits mutuellement. Unis et engagés dans une même voie, ils se développaient côte à côte. Quand nous parlons ici de l'influence exercée par les uns sur les autres, il ne saurait donc être question de cette sorte d'imitation à laquelle se livrent ces gens qui, lorsqu'un procédé est définitivement complet, le prennent tout d'une pièce, pour l'appliquer servilement. Avec les Impressionnistes il s'agit d'artistes, qui apportent au jour le jour leur part d'invention au fonds commun et où chacun profite de ce que les autres ont pu trouver, mais l'adapte en le modifiant selon son tempérament.

Pissarro avait encore fait recevoir des paysages aux Salons de 1868, 1869 et 1870. Établi à Pontoise, il cesse d'exposer aux Salons, pour prendre part activement aux discussions et aux démarches des artistes ses amis, qui doivent amener l'établissement d'expositions particulières. Lorsqu'une première exposition eut lieu sur le boulevard des Capucines, chez Nadar, en 1874, il y mit cinq paysages. Il participe, par l'envoi d'œuvres caractéristiques, aux expositions qui suivent, en 1876 chez M. Durand-Ruel, en 1877, rue Le Peletier. Il a aidé ainsi de la manière la plus active à la manifestation d'art connue sous le nom d'Impressionnisme. Après avoir été un des initiateurs, il devait continuer à rester sur la brèche en envoyant de ses œuvres à toutes les expositions, jusqu'à la dernière en 1886. Par son assiduité il a donc grandement contribué à la physionomie qu'elles ont présentée. Or, comme ce n'est pas la faveur qu'elles recueillirent d'abord, mais une sorte d'horreur générale qu'elles excitèrent, la

Claude Monet.

Les Glaçons

vue de son œuvre est ainsi entrée, pour une bonne part, dans le sentiment de répulsion éprouvé. Les Impressionnistes avaient en commun certains procédés qui paraissaient monstrueux, et en plus chacun d'eux possédait de ces traits qui, considérés isolément, ne faisaient qu'ajouter à la répulsion que la vue entière du groupe avait d'abord fait naître. Cela était particulièrement vrai de Pissarro, qui gardait une physionomie bien marquée au milieu des autres.

Pour le définir par son trait caractéristique, on peut dire qu'il a été le peintre de la nature agreste et de la vie rustique. Il n'a aucunement recherché dans la nature les motifs rares, il n'a point cru que le peintre dut se mettre en quête d'horizons exceptionnels. Les sites qui lui sont allés directement au cœur, où il a découvert le charme le plus intime, ont été ceux qu'on pourrait appeler familiers : le coteau planté d'arbres à fruits, le champ en labour ou couvert de moissons, la prairie herbeuse, le village avec ses vieilles maisons et les jardins potagers qui l'environnent. Ce côté rustique de la nature lui a parlé autant qu'avaient pu le faire aux autres ces motifs exceptionnels qu'ils avaient recherchés, en s'appliquant encore à les arranger et à les embellir. Il n'a voulu rien embellir, il s'en est tenu au rendu fidèle des aspects jugés avant lui les plus communs, comme tels, déclarés méprisables, et alors délaissés. Ils ne lui ont paru nullement méprisables, et il a cru qu'on pouvait en obtenir des images artistiques.

Aussi ses œuvres, à leur apparition, se sont-elles trouvées heurter les règles de goût conventionnelles alors admises et respectées. Les formes ordinaires de la nature, le côté villageois, l'apparence de la terre rustique n'avaient jamais encore été aussi systématiquement reproduits. Les spectateurs se croyaient donc mis en présence de choses tout à fait vulgaires. L'art, à leurs yeux, devait s'élever dans des régions plus hautes, planer au-dessus de la vie commune et Pissarro tenant les yeux fixés sur la campagne, pour la voir sous son aspect familier, faisait l'effet d'un rustre. Mais, aujourd'hui que le jugement s'est rectifié, qu'on a compris que rien dans la nature n'était bas et vulgaire en soi, on a loué cette rusticité même qui l'avait d'abord fait mépriser. On lui a su gré de cette probité qui s'appliquait à rendre la nature en dehors des données conventionnelles. On a aimé la façon dont il exprimait la solitude de la campagne, la paix des villages, la senteur de la terre. Les champs rendus par lui dans leur simplicité, avaient une âme, dégageaient un charme pénétrant.

Il vint résider en 1883 à Éragny-Bazincourt, dans l'Oise. Il avait là sous les yeux ces campagnes rustiques qui l'attiraient de préférence, et il devait y peindre de ses toiles les plus sincères et les plus puissantes. Le pays lui plaisait, il voulut s'y fixer définitivement, il y acheta une maison. Il y demeura ainsi des années, peignant des paysages agrestes, et il se fût probablement maintenu jusqu'à la fin dans cette voie, lorsqu'une légère infirmité, amenée par l'âge, l'atteignit. Une affection de l'œil, sans attaquer la vue, lui rendit à peu près impossible de continuer à peindre en plein air. L'œil ne pouvait plus supporter les intempéries des saisons.

Il avait alors soixante-six ans, d'autres, dans les mêmes

circonstances, eussent pensé qu'après le labeur accompli ils avaient droit au repos. Mais, en vieillissant, il n'avait rien perdu de son ardeur et de ses facultés. Le voilà donc, qui

Pissarro. — La prairie.

empêché de poursuivre plus longtemps la peinture aux champs pratiquée toute sa vie, va s'engager dans une voie nouvelle, il viendra peindre en ville. Il a trouvé le moyen de continuer à travailler avec son œil souffrant. Il ne se tiendra plus maintenant en plein air, il exécutera des vues urbaines, à l'intérieur, des fenêtres de maisons. Il commence, en 1896, à peindre de la sorte à Rouen, les quais, les ponts, les bateaux à vapeur chargeant et déchargeant les marchandises. Puis il peint à Paris, l'avenue de l'Opéra, d'une fenêtre de l'Hôtel du Louvre et le Jardin des Tuileries, d'une fenêtre d'une maison de la rue de Rivoli. Il a loué un appartement dans une maison de la Cité, au numéro 28 de la place Dauphine, la maison même où Mme Roland avait habité. Elle a vue sur le Pont-Neuf et la Seine, il peint des fenêtres le pont, les quais et le palais du Louvre. Il peindra en dernier les ports de Dieppe et du Havre. Ces vues urbaines constituent une partie imprévue ajoutée à sa production. Elles sont peintes dans une donnée qui montre le profit qu'il avait su tirer des procédés successivement apparus, où il avait pensé qu'il y avait à puiser, pour obtenir plus de coloration et de lumière. Son gris fondamental est toujours de ce caractère sobre qui est le propre de son talent, mais l'enveloppe laisse voir une coloration chaude et une lumière intense.

Portrait de Cézanne. — Eau-forte de Pissarro.

Pissarro était en pleine puissance de travail, et malgré la soixante-quatorzième année qui approchait, ne pensait nulle-

Pissarro. — Le boulevard Montmartre.

ment à s'arrêter, lorsque la mort l'a surpris. Il venait de s'établir au n° 1 du boulevard Morland. Il avait choisi là un appartement dont les fenêtres donnaient sur la Seine et le Canal. Il allait pouvoir exécuter une nouvelle série de vues de Paris, lorsqu'il fut pris par un refroidissement, suivi de complications internes. Il succomba, après un mois de souffrances, le 12 novembre 1903.

Pissarro était de caractère bienveillant et d'humeur paisible. La vie avait développé en lui un grand fonds de philosophie. Il avait supporté avec sérénité les années de misère et de déboires qui suivirent les débuts de l'Impressionnisme. Lorsque le succès fut venu, qu'il eut obtenu l'aisance, il en jouit sans rien changer à ses habitudes, et sans rechercher aucun de ces honneurs, décorations ou récompenses, qui, aux yeux de la plupart des artistes, paraissent des choses précieuses à recueillir. Il a laissé cinq enfants, quatre fils et une fille. Le fils aîné, Lucien, s'est fait un nom comme dessinateur et graveur sur bois ; le second, qui signe ses œuvres du pseudonyme de Manzana, s'est consacré à la peinture de paysage. Les deux derniers encore jeunes, deviendront eux aussi des artistes.

* * *

Pissarro le peintre de la nature agreste a su voir aux champs les êtres qui y vivent et y peinent. Il a fait entrer dans ses tableaux les paysans vaquant à leurs occupations : 1874, *Femme gardant une vache* ; 1878, *La lessive* ; 1881,

Le berger, 1886, *La cueillette des pommes*, 1892, *La causette*, 1894, *La cueillette des pois à Éragny*. Indépendamment de ses tableaux à l'huile, il a produit de nombreuses

Pissarro. — Paysage.

gouaches, et tandis que ses tableaux consacrés surtout aux paysages et aux vues de la grande nature, ne donnent après tout qu'accessoirement des êtres humains, ses gouaches présentent presque exclusivement des figures et des groupes rustiques. Pour bien connaître Pissarro comme peintre du peuple des campagnes, il faut donc l'étudier dans ses gouaches.

Lorsqu'au début il avait commencé à peindre des paysans, on avait crié au pastiche de Millet. A cette époque Millet n'était guère compris, il soulevait par le caractère naturaliste de ses œuvres une véritable animadversion, et Pissarro, venant peindre après lui des paysans pris sur le vif, paraissait de ce seul fait le suivre servilement. Mais maintenant que de loin on peut considérer l'œuvre des deux artistes, on se demande, alors même que Pissarro débutant n'avait pas encore développé sa pleine originalité, comment on a pu l'accuser d'imitation, comment on a jamais pu trouver une similitude entre ses personnages et ceux de son devancier. Millet apparu à une époque où les formes classiques et romantiques occupaient presque entièrement le champ de l'art, soulève l'opposition la plus vive. Il avait serré la nature de plus près qu'on ne le faisait alors et cela suffisait pour qu'il fut méconnu. Mais Pissarro s'est comporté par rapport à Millet, comme celui-ci avait lui-même fait par rapport aux classiques et aux romantiques. Il a dévié bien autrement que Millet des procédés conventionnels et ce que Millet encore avait pu garder de l'ancienne tradition, il l'a, lui, rejeté.

Ce n'est pas pour rabaisser l'un au profit de l'autre, que nous établissons cette comparaison. Toute manifestation d'art sincère venue à son heure a sa raison d'être et garde sa valeur, quelque soient les formes qui peuvent lui succéder. Si nous voulons marquer les différences entre l'art de Millet et celui de Pissarro, entre les êtres rustiques qu'ils ont tous les deux reproduits, c'est pour bien établir leur caractère à chacun et constater l'évolution accomplie en art, au

Claude Monet

L'Église de Vernon

xixᵉ siècle, pour se rapprocher de plus en plus de la nature. Millet qui a d'abord peint des nus, qui a conservé l'habitude de son époque de dessiner la forme humaine en lui donnant

Pissarro. — Paysage.

une allure sculpturale, confère à ses paysans une sorte de noblesse d'attitude, il les représente dans des poses annoblies, des occupations idéalisées, que l'Impressionisme venu après devait ignorer. Pissarro, en particulier, qui dès son arrivée avait fui les ateliers parisiens, qui s'était tout de suite mis à travailler devant la nature, a rendu les êtres sous ses yeux, avec une simplicité de procédés, une vérité directe d'observation, dépassant tout ce qui s'était fait avant lui. Ses paysans se présentent donc, sans cette part de grandeur superposée que Millet pénétré, pour un reste, de l'esprit de son temps, n'avait pu manquer de rechercher. Pissarro a très bien su définir le trait qui séparait son art de celui de Millet. Il m'écrivait, en mars 1881. « Ils me jettent tous Millet à la tête. Mais Millet était biblique ! Pour un hébreu, il me semble l'être peu. C'est curieux. »

Les paysans de Pissarro sont de vrais paysans. Ils ne sont venus d'aucune idée préconçue. Ils n'ont été ni élevés, ni abaissés. Ils apparaissent dans leurs attitudes campagnardes, avec les mouvements de corps, les expressions de visage, les gestes que leur vie pénible leur a fait prendre. Ils sont saisis dans toute la variété de leurs travaux et de leurs occupations. Ils présentent, avec un charme naïf, l'image sincère de la vie rustique.

*
* *

Les Impressionnistes, qui ont été essentiellement des peintres, ne se sont guère adonnés à la gravure. Seul Pissarro a produit une œuvre gravée considérable. Lucien Pissarro a dressé un catalogue des eaux-fortes de son père, où 104 pièces sont décrites. Pissarro s'est livré de bonne heure à l'eau forte. On a de lui *Une rue à Montmartre* en 1865, deux autres pièces en 1865, trois paysages à Pontoise en 1873-1874, le *Portrait de Cézanne* en 1874, deux pièces en 1878.

Cependant ces premières productions, survenues à de longs intervalles n'étaient guère encore, sauf le portrait de Cézanne, que des essais, elles n'avaient rien de très caractéristique.

PISSARRO. — Paysage.

Lorsque, en 1879, il commence à se livrer, de la manière la plus assidue, à l'étude des procédés divers que l'eau-forte peut connaître, et désormais ses œuvres se multiplieront et recevront, d'une technique savante, une ampleur de formes, que ses premiers essais n'avaient pas connue.

C'est à l'intervention de Degas que Pissarro devait de

faire le pas décisif comme graveur. Degas avait conçu une publication, qui prendrait le titre, *Le jour et la nuit*, alimentée par les gravures d'artistes originaux. Il avait recruté comme collaborateurs Pissarro, Bracquemont, Mlle Cassatt,

PISSARRO. — Vue à travers des arbres.

Raffaelli. On se mit à l'œuvre ensemble. Degas avec son esprit de recherche ne voulut pas qu'on se contentât, pour les gravures à exécuter, du travail ordinaire de la pointe. Il s'était engagé personnellement dans l'essai de procédés plus subtils et plus compliqués, devant donner des effets nouveaux et il entraîna ses collaborateurs dans la même voie. Pissarro, après des recherches soutenues, un travail persistant, produisit la pièce qu'il destinait comme contribution au *Jour et la nuit*.

Elle est maintenant désignée, dans le catalogue de ses œuvres, *Paysage sous bois à l'Hermitage, près Pontoise*. Importante par les dimensions, 25 centimètres sur 21, elle donne un paysage vu à travers des arbres, dont les troncs et les branches occupent, jusqu'au haut, le premier plan de l'image. C'est une sorte d'aqua-tinte, où n'entre qu'accessoirement le travail de la pointe. Pissarro

Rue du Gros-Horloge à Rouen. — Eau-forte de Pissarro.

avait bien répondu à l'appel de Degas, mais il ne devait retirer aucun profit de son travail. Le premier numéro ou fascicule du *Jour et la nuit*, montré à l'exposition de 1880 des Impressionnistes, rue des Pyramides, ne trouva pas d'acheteurs. Pissarro et ses camarades, déçus dans leurs espérances de succès, renoncèrent à leur publication, qui est demeurée ainsi mort-née.

Cependant Degas avec son projet avait fait entrer Pissarro dans une voie heureuse, qu'il allait maintenant suivre par goût; à partir de 1879, il produira donc de nombreuses œuvres gravées. Il avait une sorte de prédilection pour la ville de Rouen. Il y est allé peindre souvent. Il y a trouvé aussi de nombreux motifs à graver. Vingt-quatre de ses pièces donnent des vues de Rouen. Les vieilles rues apparaissent dans leur vétusté, on y sent la solitude et l'abandon, on peut dire qu'on éprouve jusqu'à la sensation de l'humidité et de la moisissure. Mais la partie principale de son œuvre gravée est encore consacrée à la vie rustique. On a dans ses eaux-fortes les travailleurs des champs, rendus avec cette même sincérité qu'il a montrée dans ses tableaux à l'huile et ses gouaches. Ils sont là avec leurs corps déformés par le travail, dans les poses pénibles que nécessite l'effort prolongé, mais donnant la sensation d'un honnête labeur et d'une tâche accomplie de bonne volonté. Les titres de quelques-unes des œuvres indiquent à quelle exactitude d'effets il s'est astreint : *Récolte de pommes de terre*, *Femme cueillant des choux*, *Gardeuse d'oies*, *Paysanne dans un champ de haricots*.

Deux grandes planches sont à signaler par leur puissance et leur mouvement de foule : *Le marché de la volaille*, *Le marché aux légumes à Pontoise*, exécutées en 1891. Pissarro a su, à l'occasion, rendre d'autres êtres que les paysans, le

CLAUDE MONET
Les Peupliers

CLAUDE MONET
Les Peupliers

portrait de Cézanne en 1874 est plein de vie et montre bien l'homme solitaire et replié sur lui-même. Pissarro a de même gravé son propre portrait, il n'a point pensé à s'embellir, il

PISSARRO. — Le verger.

s'est représenté avec ses lunettes et sa grande barbe, comme un vieillard plein de jours, plus vieux d'apparence qu'il ne l'était réellement.

Il s'est aussi adonné à la lithographie. Il a dû faire quelques essais d'assez bonne heure, vers 1874, mais ce n'est que tard, en 1896, qu'il s'y applique sérieusement. Il produit, à partir de ce moment, les quarante pièces environ qui forment son œuvre lithographique. On y trouve des sujets analogues à ceux de ses eaux-fortes, par exemple des vues de Rouen, de Paris et des motifs rustiques. Mais d'autres

Pont de pierre à Rouen. — Eau-forte de Pissarro.

ont un caractère à part tels que les *Sans gîte*, deux pauvres diables assis sur le bord d'un ruisseau, *Les porteuses de bois*, des femmes courbées sous le poids de leur fardeau. Pissarro a donné ces deux lithographies à publier au journal socialiste *Les Temps Nouveaux*, auquel il a aussi donné une lithographie en couleur, *Le laboureur*.

Pissarro a montré dans la lithographie cette recherche de procédés, qu'il a laissé voir dans les autres moyens dont il s'est servi. Ses images lithographiques ont été obtenues, soit par des dessins faits directement sur la pierre ou plaque de zinc, soit par des dessins sur papier, reportés sur pierre. Il s'est aussi servi du lavis sur la pierre, pour une série de baigneuses. Ce procédé qui donne aux images obtenues une grande légèreté, a cependant le désavantage de ne permettre le tirage que d'un nombre très restreint d'épreuves. Pissarro a encore dessiné directement sur bois des sujets pris aux travaux des champs. Son fils Lucien les a gravés d'une façon très personnelle, en sachant leur conserver leur saveur rustique.

Pissarro. — La récolte

CLAUDE MONET

Claude Oscar Monet est né à Paris, le 14 novembre 1840. Son père était négociant au Havre. Il passa donc sa jeunesse au Havre et y sentit naître sa vocation artistique. Le premier peintre qu'il connut, qui lui donna des conseils, qui lui servit de guide, fut Boudin, son aîné de quinze ans. Boudin natif de Honfleur s'était produit comme artiste au Havre. Pensionné pendant trois ans par la ville, il avait après continué à y résider. Monet avait dès 1855 noué avec lui des relations d'amitié qui, au cours des années, se continuèrent. Monet a peint d'abord à côté de Boudin, et à une exposition à Rouen en 1856, à laquelle Boudin participe, il expose lui-même, pour la première fois de sa vie, un paysage peint dans la vallée de Rouelles, près de Montivilliers.

Les goûts artistiques de Monet le mirent en désaccord avec ses parents. Ils désiraient l'avoir avec eux dans leurs affaires et lorsque, l'âge vint où il lui fallut subir la conscription, ils se déclarèrent prêts à l'exonérer du service militaire en payant la somme voulue, comme la chose se pratiquait à l'époque, mais seulement s'il renonçait à la peinture. Le jeune homme, plutôt que d'accepter cette condition, préféra faire son service militaire. Il joignit donc un régiment en Algérie comme soldat et y resta près de deux ans. Il souffrit du climat, sa santé altérée obligea ses parents à le faire exonérer. Ils consentirent alors à ce qu'il s'adonnât tout entier à la peinture, mais ils exigèrent en même temps qu'il entrât dans l'atelier d'un peintre en renom à Paris, pour y faire ces études régulières qui, à leurs yeux, étaient un apprentissage indispensable. Ce fut ainsi, en 1862, qu'il devint élève de Gleyre.

Il détestait le travail académique, il ne se sentait aucune affinité avec Gleyre, il traversa donc son atelier sans y rien prendre et il l'abandonna au bout d'un an à peine de fréquentation. Ses préférences le portaient vers la peinture de paysage. C'est alors qu'un événement pour lui décisif se produisit. En 1863, il vint à connaître l'œuvre produite par Manet. Quatorze toiles de Manet exposées sur le boulevard des Italiens, chez Martinet, lui mirent tout à coup sous les yeux une peinture claire, où les tons vifs et tranchés étaient juxtaposés sans l'emploi, alors général, d'ombres conventionnelles. Il fut séduit, à première vue par cette inno-

CLAUDE MONET. — Argenteuil.

vation hardie. Jusqu'à ce jour il avait, comme les autres jeunes audacieux de son temps, peint dans une gamme voisine de celle de Corot et de Courbet et ses premiers essais, comparés à ce qu'il devait produire après la révélation venue de l'œuvre de Manet, seraient aujourd'hui tenus pour noirs.

Monet s'approprie donc avec décision la nouvelle technique des tons clairs, en l'adaptant à la peinture de paysage. Cependant il ne peint pas d'abord le paysage d'une manière exclusive, car il peint aussi, au début, de grandes figures en plein air ou dans l'atelier et il introduit, assez fréquemment, des figures dans ses paysages. On a ainsi de lui un grand tableau, en 1866, *Un déjeuner sur l'herbe* fort différent de celui de Manet exposé au Salon des Refusés en 1863, mais cependant conçu en partie comme une réminiscence. On a aussi un *Déjeuner dans un intérieur* de 1868, de grandes figures près d'une table, sur laquelle des plats sont étalés. Cependant ses tableaux de figure les plus remarquables sont sans doute *Camille*, exposé au Salon de 1866 et *La Japonaise*, vêtue d'une grande robe rouge. Après cela ses préférences pour le paysage prenant

CLAUDE MONET. — Camille.
(Salon de 1866.)

tout à tait l'ascendant, il délaisse complètement la figure.
Maintenant que de loin on peut considérer son œuvre, on reconnaît combien le penchant qui l'éloignait de la peinture de figure, pour l'entraîner vers le paysage, devait être profond, car à la vue de ses tableaux de début, où sont représentés des personnages, on découvre que les visages avec leur expression humaine ont été véritablement négligés, qu'ils ne l'ont pas intéressé en eux-mêmes et qu'il pourra par conséquent renoncer à en peindre, sans que son art y perde rien d'essentiel. Ce sont en effet les vêtements, qui attirent et sont introduits dans les tableaux, pour y amener des combinaisons de coloris et des effets de lumière. Avec *Camille* et *La Japonaise*, de magnifiques morceaux de peinture, le costume, non le visage, joue le grand rôle. Dans *Camille* les raies vertes et noires du jupon produisent la combinaison de coloris séduisante et dans *La Japonaise* le

CLAUDE MONET. — Japonaise.

rouge éclatant de la robe, avec les broderies en relief et les éventails multicolores piqués sur le fond, constituent le vrai motif du tableau.

Monet a donc délaissé la reproduction de la figure humaine, qui n'a été pour lui qu'une pratique accessoire du début, et il se consacre d'une manière exclusive au paysage. Il a pris pour règle de peindre ses paysages directement en plein air. Il les exécutera, quelles que soient leurs dimensions, en tenant tout le temps les yeux fixés sur la scène naturelle à représenter. Chez lui cette pratique engendre une conséquence, qui se produira pour d'autres, mais qui se produira pour lui d'une manière plus décisive et avec des marques plus saisissantes que pour tous autres. Elle l'amène à saisir dans chaque scène naturelle, l'aspect particulier, la notation fugitive de lumière ou de coloris, sous lesquels elle se présente, au moment où il se met à la peindre. Un paysage de lui ne représente donc point une scène naturelle sous une face permanente, d'une manière existant à l'état fixe, la charpente, l'ossature, si l'on peut ainsi dire, de la scène à rendre seront fixées sur la toile revêtus d'un aspect fugitif et d'une ambiance particulière, saisis au besoin au passage et notés dans leur existence éphémère.

Par exemple, il se met à peindre un paysage le matin, au lever du soleil, dans la buée ; il fixera sur sa toile les reflets particuliers que le soleil levant jette sur la campagne et la buée qui l'enveloppe. Et comme il ne peint un motif quel qu'il soit, qu'autant qu'il peut l'avoir sous les yeux, voulant fixer son effet de soleil levant et de buée matinale, il ne

SISLEY. — Dessin inédit.

pourra travailler à son tableau qu'un temps limité le matin, il devra l'abandonner dès que le soleil sera monté sur l'horizon et que la buée se sera dissipée et, pour l'achever, il faudra qu'il le reprenne ensuite, lorsque l'effet éphémère recherché se présentera de nouveau. Une scène naturelle n'a donc pas pour lui d'aspect persistant, un paysage n'existe pas avec un coloris permanent. Une scène naturelle change d'aspect, en même temps que varient les saisons, les jours, les heures, les circonstances de température ou de lumière. Dans ces conditions Monet est réellement parvenu à rendre saisissable sur la toile ces aspects fugitifs, qui avaient échappé aux anciens paysagistes travaillant dans l'atelier. Il a serré de si près les effets variés et les changements qui se produisent en plein air, qu'il est comme parvenu à communiquer les sensations qui en dérivent. On peut dire que ses effets de soleil réchauffent et que ses effets de neige donnent le frisson.

Il est donc arrivé à dégager des scènes vues des nuances de toute sorte, de véritables impressions. Aussi est-ce tout naturellement, qu'un jour il a désigné une de ses toiles, donnant l'image du soleil dans un brouillard, sur la mer, *Impression, soleil levant*[1]. Et c'est tout aussi naturellement qu'à la vue de cette toile, le mot Impression étendu et transformé a été trouvé juste pour désigner son art. Ce sont donc les particularités de son œuvre, qui ont fait naître les noms d'Impressionniste et d'Impressionnisme. Il est le véritable initiateur de l'Impressionnisme. En lui et avec lui

---

[1] Cette toile appartient aujourd'hui à M. Donop de Monchy.

l'Impressionnisme a trouvé sa formule la plus complète. Monet s'est avancé sans jamais dévier dans la voie où il s'était d'abord engagé. Il a peint en tous lieux en plein air, et est allé sans arrêt, mettant un coloris de plus en plus clair et une lumière de plus en plus vive sur ses toiles.

Il délaissa Paris de bonne heure pour habiter Argenteuil. Il y demeura plusieurs années, y peignant la Seine et ses bords et aussi les bosquets et les fleurs de son jardin. Chassé d'Argenteuil par l'occupation allemande, lors du siège de Paris, il cherche refuge en Hollande. Il y peint des vues sur les canaux. A ce moment, il avait connu les estampes japonaises, particulièrement celles d'Hiroshigué, pour lesquelles il a toujours professé de l'admiration. Sous l'influence de leur coloris vibrant il avait encore éclairci sa palette. On peut observer, dans certains de ses tableaux, surtout parmi ceux qu'il a produits en Hollande, l'emploi des tons vifs juxtaposés dans toute leur franchise, comme une marque des pratiques japonaises. Plus tard, après ce premier séjour en Hollande, il y retournera pour peindre les tulipes en fleur de Harlem. Il passe de Hollande en Angleterre, au commencement de 1871. Il exécute des vues à Londres, dans les parcs et sur la Tamise. Revenu en France après la guerre et la Commune et réinstallé dans sa maison d'Argenteuil, il recommence à peindre les bords de la Seine. Il peint aussi à Paris, en 1877 et 1878, les bosquets du parc Monceau et la gare Saint-Lazare, avec ses locomotives et leurs panaches de vapeur.

CLAUDE MONET. — Canal à Saardam.
(Collections Daubigny, Duret, Decap.)

Il avait passé sa jeunesse au Havre, il s'était d'abord mis à peindre sur les côtes voisines et il devait y revenir fréquemment. Ses vues du Havre, de Sainte-Adresse, de Honfleur, des falaises normandes ont donc été produites à de nombreuses reprises. En 1864, 1866, 1867, il travaille au Havre et aux environs. Il y retrouve Boudin, et fait aussi société avec Courbet, qui peignait à Trouville ce qu'il appelait des « paysages de mer ». Puis il revient sur les mêmes lieux en 1873, 1874, 1882. En 1885, il est à Étretat. Aux falaises prises avec toutes leurs échancrures et leurs escarpements, il a ajouté la mer sous ses aspects les plus divers. Il a véritablement été le peintre de l'eau. Il a fait entrer dans ses tableaux l'eau de la Manche et de la Méditerranée, de la Seine et de la Tamise, des canaux de Hollande et des bassins de ses jardins.

Claude Monet. — Vue en Hollande.

Il ne devait jamais cesser d'habiter aux bords de la Seine, de manière à être toujours près de l'eau. Il quitte Argenteuil en 1878, pour descendre plus bas à Vétheuil. Il y peint les vues des environs et la Seine, comme il l'avait fait à Argenteuil. Il y peint aussi, dans l'hiver particulièrement rigoureux de 1879-1880, les glaces qui recouvrent le fleuve et quelques-unes de ses toiles les plus saisissantes sont consacrées à la débâcle qu'amène le dégel.

En 1884, l'hiver, il va une première fois passer plusieurs mois sur la Méditerranée à Bordighera. Par un effort soutenu,

CLAUDE MONET. — Falaises à Pourville.

lui qui n'avait encore connu que l'atmosphère nébuleuse de la région de Paris et de la Manche, rend excellemment le ciel transparent, la mer bleue et les terres colorées du Midi.

En 1886 il est à Belle-Ile. Il y exécute une de ses suites de tableaux les plus puissantes, consacrée aux rochers noirs et aux grandes falaises, battues à pic par la houle de l'océan.

En 1886 il quitte Vétheuil pour descendre encore plus bas

dans la vallée de la Seine. Il s'installe d'une manière définitive à Giverny près de Vernon, dans une maison qu'il ne quittera plus. Il est là sur les bords de l'Epte, dont les prairies couvertes de peupliers se confondent avec celles de la Seine. Il peindra les sites que lui offriront les alentours de Giverny, comme il avait précédemment peints ceux que lui avaient présenté Argenteuil et Vétheuil.

Il retourne sur les bords de la Méditerranée dans l'hiver de 1888. Il s'établit cette fois à Antibes. Grâce à l'expérience acquise à Bordighera, il y peint des paysages transparents et inondés de lumière.

En 1889 il va peindre dans la Creuse, à Vervit. En 1895 il fait un voyage en Norvège, à la fin de l'hiver, alors que la terre était encore couverte de neige. Il en rapporte des tableaux exécutés dans les environs de Christiania.

Monet continuant à développer son originalité va faire entrer son art dans une phase nouvelle. Pendant longtemps il avait, comme les paysagistes ses devanciers, varié dans chaque tableau le sujet, chacune de ses toiles avait été un portrait particulier d'un site spécial. Mais, par degrés, puisqu'il peignait chaque fois devant la nature des impressions diverses, des aspects fugitifs, il en était venu à reprendre plusieurs fois le même motif, sans changer de place et en exécutant cependant chaque fois un tableau différent. Le fond de la scène vue, les contours du paysage représenté n'étaient plus qu'une sorte d'ossature, pour supporter les impressions et aspects variés, temps gris ou soleil ardent, effets du matin, de midi, du soir, qui devenaient en eux-mêmes comme le motif véritable du tableau. Il va maintenant étendre et généraliser la pratique de peindre plusieurs fois le même sujet, en variant seulement les aspects passagers. Il trouvera là le terme logique de ses procédés d'Impressionniste. Il portera son art à son plein épanouissement, en reproduisant les motifs choisis par *séries* de dix, douze ou quinze toiles.

Monet a commencé à peindre systématiquement ses séries en 1890-1891 avec *Les Meules*. Il s'est placé devant des meules en plein champ et il les a peintes un grand nombre de fois, sans modifier les lignes de fond du sujet et en obtenant cependant chaque fois un tableau différent. En effet, il appliquait sur chaque tableau une des variétés de coloris, une des modifications d'aspect, que font naître les changements de l'atmosphère et les différences de saisons ou d'heures. Les meules ne sont plus ainsi par elles-mêmes un

Claude Monet. — La Cathédrale.

motif ayant toute sa valeur, elles ne le deviennent que lorsqu'elles ont été revêtues d'un des aspects passagers, que les changements extérieurs qu'elles subissent leur font prendre. La *série* a reçu le nom général de *Meules*, mais si on avait voulu particulariser chaque tableau à l'aide d'un nom significatif, on eut dû dire : Meules le matin, Meules le soir, Meules par temps gris, Meules en plein soleil, Meules sous la neige, etc., etc.

La façade de la cathédrale de Rouen, avec ses tours, a fourni à Monet sa seconde série. Installé à une fenêtre d'une maison devant la cathédrale, il est resté longtemps à la peindre. Comme les meules, elle lui a offert un thème qui lui a permis de reproduire les aspects multiples, que peut prendre un même motif vu dans des conditions différentes. Elle lui est apparue enveloppée de reflets, allant des gris assoupis au soleil ardent, qu'il a su rendre dans toute leur variété. Pour peindre dans ces conditions, Monet doit travailler simultanément à plusieurs toiles, passer de l'une à l'autre, les quitter et les reprendre, selon que les effets particuliers à saisir s'évanouissent ou réapparaissent avec les variations de l'atmosphère.

La première réflexion qui vint à l'esprit en présence d'une série complète, *Les Meules* ou *La cathédrale*, fut que Monet avait comme simplifié sa besogne, en rendant ainsi indéfiniment le même sujet et qu'il devait arriver, après les deux ou trois premiers essais, à peindre en supprimant les difficultés. On a donc cru qu'en exécutant ses *séries* il avait voulu se faciliter sa tâche, obtenir le plus de tableaux possible

SISLEY
Bords du Loing
(Eau-forte de P. M. Roy)

SISLEY
Bords du Loing
(Von M. 5 de photo-usa)

avec le moins d'efforts. Or, c'est le contraire qui est vrai. Depuis qu'il a peint par *séries*, il a en réalité moins produit de toiles qu'auparavant, malgré un labeur accru. Il s'est trouvé que rendre des scènes différentes, une fois pour toutes, était chose plus facile, que d'exécuter des répétitions nombreuses de la même scène, présentant des faces diverses. Saisir au passage, pour les préciser sur la toile, les variations d'aspect qu'une scène peut prendre, constitue une opération d'une extrême délicatesse, demandant une vision d'ordre exceptionnel et des facultés spéciales. Il faut pour peindre de la sorte se livrer à de véritables abstractions. Il faut parvenir à dégager du fond immuable, le motif fugitif et le faire d'une façon subite, car les effets différents à saisir peuvent, dans leur apparition éphémère, enjamber les uns sur les autres et si l'œil ne les arrête au passage, en venir à se confondre. J'ai entendu dire à Monet que le travail auquel il s'était livré devant la cathédrale de Rouen pour la peindre sous des effets de lumière variés, lui avait demandé une telle contention d'esprit qu'il en avait ressenti une terrible fatigue. Il avait fini par perdre la vue nette des choses. Il avait dû s'arrêter et rester longtemps sans regarder ses toiles, ne pouvant plus se rendre compte de leur valeur.

Monet a peint par *séries* des motifs très variés, après *Les Meules* et *La Cathédrale*, *Les Peupliers*. Il vit, en se promenant dans les prairies de Giverny, une ligne de peupliers longue et sinueuse où, dans certaines positions, les arbres se profilaient les uns sur les autres. Il se mit à la peindre. Mais il se trouve que l'arrangement que les peupliers de

Giverny lui ont permis de réaliser, est analogue à un autre qu'Hiroshigué avait précédemment rencontré au Japon, dans une ligne de cèdres et qu'il a rendu dans une de ses *Cinquante-quatre vues du Tokaïdo*. Monet avait dû être frappé de l'analogie que les peupliers de Giverny présentaient avec les cèdres d'Hiroshigué. On est là en présence d'un cas curieux de suggestion devant la nature, exercé par un grand artiste sur un autre.

Il a encore peint en série *Une matinée sur la Seine* : un bras du fleuve par temps calme, enveloppé de buée et bordé de grands arbres touffus, réflétés dans l'eau. La série des *Nymphéas* a suivi. Monet a fait creuser une pièce d'eau au bout de son jardin, à Giverny, sur la limite de la prairie. Il l'a semée de Nymphéas. Leurs fleurs et leurs feuilles étalées sur l'eau lui ont fourni un motif original, complété par les arbres qui entourent la pièce d'eau et par un petit pont qui la traverse. Monet est ensuite retourné momentanément à Vétheuil, où il avait résidé et peint si longtemps, pour y exécuter une autre de ses séries. Il s'est placé en face du village, sur la rive opposée de la Seine. L'eau du fleuve couvre le premier plan des tableaux, ensuite le village avec son église s'élève sur la côte qui, en haut, ferme l'horizon.

Ses deux dernières séries, *Les vues de la Tamise* et les *Effets d'eau* de l'étang de son jardin à Giverny, offrent les traits de sa personnalité portés à leur extrême développement. Jusqu'alors l'impression, l'effet fugitif, l'aspect éphémère formaient surtout dans ses tableaux l'enveloppe, le revêtement d'une scène existant toujours par-dessous, comme partie importante. Mais, dans ses deux dernières séries, les apparitions éphémères ont reçu une existence décisive, par rapport au motif permanent et à la scène réelle, qui n'ont plus qu'une forme sacrifiée et comme accessoire. Ce qui l'a surtout intéressé sur la Tamise, ce sont les reflets impré-

Claude Monet. — Les Glaçons.

vus, les colorations soudaines des eaux et de l'atmosphère. Les apparences lumineuses que prennent les nuages, le brouillard mêlé de fumée, les buées matinales ou crépusculaires, sont devenus la raison d'être des tableaux et y jouent le grand rôle.

Ses vues, qu'on pourrait appeler atmosphériques de la Tamise, ont été exécutées au cours de différents séjours à

Londres, de 1901 à 1904. Et comme, malgré tout, il lui faut des motifs pour porter la couleur, il en a pris deux du Savoy hôtel qui, de la hauteur du Strand, domine la Tamise ; l'un donne en aval le pont de Waterloo, l'autre en amont celui de Charing-Cross. Un troisième motif, formé par le palais du Parlement avec ses tours, a été obtenu d'un des pavillons de l'hôpital Saint-Thomas, sur la rive droite du fleuve. Dans sa toute dernière série, où l'étang de son jardin offre le motif, l'eau en elle-même ne se trouve plus sur la toile à l'état important, l'importance est prise par les miroitements dont les accidents de la lumière la revêtent. L'effet principal est produit par les objets reflétés qui, sans contours arrêtés, forment des apparitions de mouvement et d'agitation.

Ces dernières séries de la Tamise à Londres et de l'étang de Giverny constituent l'extrême point que l'Impressionnisme puisse atteindre. La peinture arrivée à ce degré de fluidité rejoint en quelque sorte la musique et exécute des variations sur un thème coloré analogue aux siennes. Monet est parvenu ainsi au dernier degré d'abstraction et d'imagination allié au réel, que comporte son art de paysagiste.

Quand on a exposé l'évolution de Monet comme peintre et fait connaître l'ordre de son œuvre, on a retracé les traits décisifs de sa biographie. Sa vie s'est en effet concentrée dans son art. En dehors de ses changements de résidence et de ses voyages pour renouveler les sites où il put peindre, les événements intéressants qui le concernent ont été les expositions où il s'est produit et où il a poursuivi son combat. Il envoya une première fois au Salon, en 1865, deux marines reçues. En 1866, il avait au Salon, *Camille*, et une vue prise dans la forêt de Fontainebleau. Puis il avait été refusé au Salon de 1867, admis à celui de 1868, refusé de nouveau en 1869 et 1870. C'est l'incertitude d'être reçu au Salon, devenant de plus en plus grande à mesure qu'il développait son originalité et se transformant à la fin en la certitude d'être refusé, qui le portait à se faire l'initiateur

CLAUDE MONET. — Belle-Ile.

d'expositions particulières. Là, il se produirait librement avec ses amis et, tous ensemble, à l'état de groupe, ils pourraient attirer l'attention publique. Il avait donc envoyé aux quatre premières expositions des Impressionnistes de 1874, 1876, 1877 et 1879, de nombreuses œuvres, qui l'avaient mis très en vue, mais il était en même temps tombé dans un abîme de mépris et de réprobation.

Les Impressionnistes, en se faisant connaître, avaient soulevé tout le monde contre eux. Après cela, les quelques partisans qu'ils avaient rallié qui cherchaient à les défendre, les trois ou quatre marchands qui avaient eu le courage d'offrir leurs œuvres, se trouvèrent comme des gens prêchant dans le désert. Ils ne purent se faire écouter. Les tableaux impressionnistes devinrent invendables. Ce furent alors des années de détresse et de misère. Monet partagea le sort commun. Il connut les pires embarras d'argent. Il dut abaisser le prix moyen de ses toiles à cent francs et ce ne fut qu'à grand'peine qu'il parvint à en vendre suffisamment pour ne pas sombrer.

Il faut citer les hommes qui, en ces temps héroïques de l'Impressionnisme, restèrent fidèles aux peintres et les soutinrent le mieux qu'ils purent, alors que par cette conduite on passait pour des sortes de fous ou de maniaques. Le plus courageux fut certes M. Durand-Ruel qui, comme marchand, continua aussi longtemps qu'il put à leur faire des achats. Il ne s'arrêta que lorsqu'il eut absolument épuisé sa caisse, pour reprendre aussitôt qu'un changement d'opinion favorable survenant, il put recommencer à vendre de leurs œuvres et à en retirer quelque argent. Parmi les rares amateurs de ce temps qui ne cessèrent de leur faire des achats, se trouvèrent : M. Faure, de l'Opéra, le peintre Caillebotte et M. de Bellio. Ce dernier était un riche gentilhomme roumain. Après avoir fait ses études à Paris, il s'y était fixé, devenu le plus Parisien des Parisiens. Il déjeunait tous les matins au café Riche. Il s'était fait le champion des Impres-

sionnistes auprès de ses amis et connaissances du lieu, parmi lesquels se trouvaient des critiques et des hommes de lettres. Il vantait surtout Claude Monet. Il boitait d'une jambe, et montant difficilement les escaliers, habitait un entre-sol, rue Alfred-Stevens. Il ne pouvait naturellement y faire tenir les objets d'art qu'il avait réunis. Il parlait sans cesse de se construire quelque part une galerie. En attendant la réalisation de ce projet qui ne devait jamais venir, il avait loué, en face de chez lui, une boutique inoccupée où il tenait ses tableaux et particulièrement ses nombreux Claude Monet. Il emmenait là, pour chercher à les convaincre par la vue des œuvres, les connaissances qui voulaient bien l'y suivre. Sa propagande resta longtemps sans succès apparent. Il finit cependant par faire des prosélytes et il a été un de ceux qui ont aidé au changement favorable qui devait se produire en faveur des Impressionnistes.

La vente, après décès, de Daubigny, venait montrer en quel mépris étaient alors tombées les œuvres de Claude Monet. Daubigny avait su reconnaître le mérite de Monet. Il avait dû remarquer ses œuvres dès leur apparition, à un premier Salon en 1865. Toujours est-il que réfugié à Londres pendant la guerre, en même temps que M. Durand-Ruel, il lui avait recommandé Claude Monet, qui arrivait à Londres, au commencement de 1871, venant de Hollande. M. Durand-Ruel avait aussitôt acheté de ses tableaux. En 1873, Daubigny achetait lui-même à M. Durand-Ruel, pour la somme de quatre à cinq cents francs, une des vues de Hollande de Monet, *Canal à Saardam*. C'était avant les fameuses expositions de 1874,

SISLEY
Les Meules

SISLEY.
Les Meules

1876 et 1877, qui devaient soulever l'opinion contre les Impressionnistes, et alors que M. Durand-Ruel réussissait, jusqu'à un certain point, à faire prendre de leurs œuvres.

Daubigny mort, on annonce sa vente, en mai 1878. Je connaissais le *Canal à Saardam*, qui me paraissait une des plus belles choses que Monet eut peintes ; je me promis donc de pousser aux enchères et d'essayer de l'acquérir. La vente a lieu, aucune trace du tableau. Je supposai que les héritiers avaient voulu le garder, comme une œuvre qu'ils avaient su apprécier. Quinze jours après, un dimanche, visitant par hasard l'Hôtel des ventes, rue Drouot, j'entre dans une salle où se trouvaient des ébauches informes, de vieilles toiles salies ou à peine frottées de couleur, avec, par terre, un amas de chevalets, palettes, pinceaux, en un mot tout l'attirail d'un atelier et là, seul et isolé, le *Canal à Saardam* de Claude Monet. J'en pensai tomber à la renverse. L'affiche ne portait aucun nom. J'allai aux renseignements et j'appris que j'avais devant moi le débarras de l'atelier Daubigny, présenté anonymement comme une chose à dissimuler. C'était là que les héritiers avaient mis le tableau de Monet, exclu de la vente régulière, qu'à leurs yeux il eut sans doute déshonorée. Il me fut adjugé aux enchères pour QUATRE-VINGTS FRANCS. Lorsque les circonstances m'amenèrent, en 1894, à faire la vente de ma collection, le *Canal à Saardam*[1] fut acquis par M. Durand-Ruel, pour la somme de cinq mille cinq cents francs. Il le revendit à M. Decap qui, ayant fait lui-même une vente

[1] Vente Théodore Duret, 19 mars 1894, n° 27.

d'une partie de sa collection en avril 1901, où il l'avait mis[1], le retira au prix de trente mille francs. Si le tableau ne va s'immobiliser dans un musée, il sera curieux de voir à quel prix il pourra monter dans les ventes futures.

Monet ne prenait point part en avril 1880 à l'exposition des Impressionnistes, parce qu'il devait avoir à lui seul en juin, une exposition de ses œuvres sur le boulevard des Italiens, au journal *la Vie Moderne*. Cette même année, il présentait au Salon, un important tableau *Les Glaçons*, peint à Vétheuil pendant l'hiver; le jury le refusait. En 1880, Monet demeurait toujours méconnu. Son exposition à *la Vie Moderne* avait lieu dans une salle du rez-de-chaussée, en réalité une boutique tenue ouverte gratuitement, aussi les passants entraient-ils en grand nombre, mais seulement pour rire et se moquer. Les œuvres montrées ne leur paraissaient dignes d'aucune sorte d'examen. Monet prenait part à l'exposition de 1882 du groupe impressionniste et, en mars 1883, il exposait 56 de ses toiles, au premier étage d'une maison en réparation, boulevard de la Madeleine, que M. Durand-Ruel avait louée temporairement. On put constater à cette occasion que l'époque de complète défaveur était passée. On voyait de nombreux visiteurs qui ne riaient plus, qui reconnaissaient des qualités aux œuvres, de nouveaux partisans se déclaraient, surtout parmi les jeunes gens.

Le revirement en faveur de Monet s'accélère à partir de ce jour. Le temps travaillait pour lui. Les années en s'écou-

---

[1] Vente Decap (Collection de M. X..), 15 avril 1901, n° 17.

lant amenaient à la vie les hommes d'une nouvelle génération, que le contact prolongé avait familiarisé avec ses œuvres. Ceux-ci ne pouvaient donc plus éprouver en face d'elles, ces sentiments d'étonnement et d'horreur ressentis

Claude Monet. — La Débâcle.

par les devanciers qui les avaient vu apparaître à l'improviste. Monet s'était produit pour la première fois au Salon en 1865, pour la première fois avec les autres Impressionnistes à l'exposition de 1874, et, en 1889, vingt-quatre ans s'étaient écoulés, depuis son premier Salon et quinze ans, depuis sa première exposition. On allait reconnaître le changement qui en résultait à son avantage.

En cette année 1889, il faisait dans la salle Petit, rue de Sèze, de compagnie avec Rodin, une exposition où tous les deux mettaient un choix important de leurs œuvres. Monet avait là 145 toiles, prises à toute sa production. C'était donc un ensemble caractéristique qu'il montrait et non plus dans des locaux mal agencés et occupés par aventure, mais dans une salle appropriée, où le Tout-Paris artistique avait l'habitude de se rencontrer. L'épreuve était décisive. On pouvait constater, à la vue du catalogue où étaient inscrits les noms des personnes ayant prêté des tableaux, combien nombreux étaient devenus les collectionneurs qui en possédaient. On pouvait reconnaître aussi, par les critiques de la presse, que les jeunes écrivains savaient maintenant apprécier l'art nouveau. Beaucoup de visiteurs étaient conquis, ceux qui demeuraient rebelles étaient cependant plus ou moins entamés et devaient convenir que l'œuvre, sous leurs yeux, révélait de la puissance. Cette exposition, en quelque sorte solennelle, permettait de constater le travail favorable accompli par le temps en faveur de Monet. Elle marquait la sortie de l'époque difficile et l'entrée dans le succès.

Monet quoique enfant de Paris, l'a délaissé complètement. Il est toujours resté indifférent aux succès mondains, au besoin de bruit et de réclame qui forme un des traits de la vie parisienne. Travaillant en plein air, poursuivant son œuvre dans la solitude des champs, des falaises et des eaux, il a pris en aversion ces soins variés auxquels les citadins sont astreints. Ses visites à Paris sont devenues de plus en plus rares. Il a fini par les réduire à de courtes apparitions, lors-

Renoir. — Dessin inédit.

qu'un devoir indispensable lui en fait une loi. Établi depuis 1866 successivement à Argenteuil, à Vétheuil et à Giverny, par conséquent de plus en plus loin de Paris, il s'est habitué à vivre en face de la nature, les yeux sur le grand ciel et la lumière.

CLAUDE MONET. — Bords de la Seine.

Il s'est donné comme luxe à Giverny un jardin tout entier semé de fleurs, qui se diapre, selon les saisons, de couleurs variées et éclatantes. Ses yeux de peintre trouvent là leur satisfaction. Il s'est rencontré sur ce point avec Whistler qui, dans les maisons où il habitait, revêtait les lambris et les murs de couleurs harmonieuses, pour reposer sa vue. Ce que Whistler homme des villes faisait dans son intérieur, Monet homme du plein air l'a fait au dehors, en colorant son jardin par les fleurs.

Il a supporté les temps d'épreuve et de misère avec une grande force de caractère. Puis, lorsque le succès vint, il n'en fut nullement troublé. Il ne chercha à en retirer aucun de ces avantages honorifiques que tant d'artistes se plaisent à rechercher et refusa en particulier de se laisser décorer de la légion d'honneur. Il s'est toujours conduit en très brave homme avec ses camarades de l'impressionnisme. Degas, Pissarro, Cézanne, Renoir, Sisley n'ont été vantés par personne mieux que par lui. Il n'a non plus cessé d'exprimer sa grande admiration pour Manet et de faire connaître tout ce qu'il lui avait dû au départ. Il prit en 1890 l'initiative de la souscription, qui devait amener l'entrée de l'*Olympia* de Manet, au Luxembourg. Pendant plus d'un an, jusqu'à la réussite, il consacra son temps et ses efforts aux démarches nécessaires, d'abord pour réunir la somme de vingt mille francs à donner à Mme Manet, puis pour faire accepter le tableau par le Musée. Lorsque Zola, dans l'affaire Dreyfus, se fut jeté en avant en faveur du condamné, Monet, dès la première heure, alors qu'on soulevait contre soi le peuple entier déchaîné, fut un de ceux qui lui donnèrent publiquement leur appui. Il n'était intervenu jusqu'alors dans aucune action publique et ne devait plus jamais le faire, mais en cette circonstance, où il croyait qu'il était du devoir de tous de prendre parti, il venait se ranger sans hésiter du côté où il voyait la vérité et la justice.

SISLEY

Alfred Sisley naquit à Paris, le 30 octobre 1839, de père et mère Anglais. Son père, établi à Paris négociant-commissionnaire, avait sa clientèle dans l'Amérique du Sud. Il était riche et ses enfants, deux fils et deux filles reçurent une bonne éducation. Lorsque son fils Alfred eut atteint l'âge de dix-huit ans, il l'envoya en Angleterre se perfectionner dans la connaissance de l'anglais et s'initier au commerce. Mais le jeune homme ne montra aucune disposition pour les affaires ; de retour à

Paris, attiré irrésistiblement par la peinture, il obtint d'entrer dans l'atelier de Gleyre. Ce fut là, en 1862, qu'il rencontra Claude Monet, Bazille, Renoir, et se lia d'amitié avec eux.

Il ne se proposait point tout d'abord de faire de l'exercice de l'art une profession. Il ne s'y adonne au début que comme un homme qui, ayant ailleurs des sources de fortune, y voit surtout un embellissement de la vie. Par rapport à ses camarades, Claude Monet et Renoir, qui se sont tout de suite mis à travailler, pour obtenir de leur pinceau leurs moyens d'existence, il reste en retard comme producteur. Il expose une première fois au Salon en 1866, puis en 1868 des paysages conçus et exécutés, comme à peu près tous ceux des jeunes artistes émancipés de cette époque, dans la tonalité de Corot ou de Courbet. Les œuvres qu'on lui doit, dans ces années de début, sont peu nombreuses.

En 1870, pendant la guerre, son père tombé malade et incapable de surmonter la crise survenue dans ses affaires, subit des pertes, qui amenèrent sa ruine et peu de temps après, sa mort. Alfred Sisley, qui jusqu'alors avait vécu comme le fils d'une famille riche, se trouva tout à coup sans autres ressources que celles qu'il pourra retirer de son talent de peintre. Après 1870 il se donne donc tout entier à la peinture, à laquelle il lui faut désormais demander ses moyens d'existence pour lui et sa famille, car il est marié, et a des enfants. A ce moment son ami Claude Monet avait, sous l'influence initiale de Manet, adopté et développé le système des tons clairs et l'appliquait à la peinture du paysage, directement devant la nature. Sisley s'approprie lui-même cette technique ; il peint en plein air, dans la gamme claire. On voit ainsi l'influence qu'exercent les uns sur les autres, au départ, des artistes en éveil, Manet sur Monet et celui-ci sur Sisley. D'ailleurs il faut répéter qu'il ne s'agit point ici de pastiche et d'imitation servile, mais d'une formule initiale que se communiquent, à la recherche de leur voie, des hommes foncièrement originaux, qui ne perdent jamais leur caractère propre. En effet, si dans le groupe impressionniste, Claude Monet et Sisley ne peuvent être en quelque sorte séparés, s'ils

SISLEY. — Jardin à Louveciennes.

forment un couple, où les deux se ressemblent beaucoup plus entre eux qu'à aucun des autres, ils conservent cependant vis-à-vis l'un de l'autre leur personnalité et ont chacun leur palette, leur manière de voir et de sentir.

On peut dire de Sisley, comme trait caractéristique, qu'il a su rendre la nature d'une manière riante. Son œuvre est séduisante. Elle se rapproche, par le sentiment qui la pénètre, de celle de Corot. Sisley est un délicat que la nature enchante. Il a recherché, de préférence dans le paysage, les motifs aimables et intimes qui correspondaient le mieux au genre de sensations qu'il éprouvait et qu'il voulait rendre. Aussi est-il le paysagiste impressionniste préféré par les hommes tendres qui demandent aux œuvres d'art l'émotion répondant à leur manière d'être. Il a particulièrement peint les rivières avec leurs eaux transparentes et leurs bords au feuillage coloré, la campagne en fleurs au printemps, ou ensoleillée l'été. Son œuvre est d'ailleurs très variée, on y voit aussi des vues de villes et de villages, et encore des effets de neige où il a excellé. Il exposa pour la dernière fois au Salon, en 1870, puis avec les Impressionnistes en 1874, 1876 et 1877. Son originalité se manifestait surtout par un coloris neuf et imprévu qui soulevait la réprobation. On l'accusait de peindre dans une gamme artificielle lilas. Aujourd'hui on est habitué à voir les paysagistes employer les tons les plus tranchés, pour rendre les effets de lumière; aussi la palette de Sisley semble-t-elle absolument calme et d'une grande justesse. Mais alors qu'elle apparaissait on la jugeait fausse. C'est qu'à cette époque on ne s'était pas même encore accoutumé, dans le public, à la tonalité cependant plus grise de Corot, de Courbet et de Jongkind. Sisley venant montrer, avec ses amis les Impressionnistes, les variations de coloris que les jeux de la lumière et la diversité d'heures, de jours et de saisons donnent aux scènes naturelles, déconcertait les spectateurs. Il rendait en particulier les effets de plein soleil à l'aide d'un ton rose lilas, qui aujourd'hui nous paraît des plus heureux et qui communique bien la sensation gaie et tendre voulue, mais qui, à son apparition, semblait monstrueuse. Aussi le pauvre Sisley allait-il

SISLEY. — Effet de neige.

subir toutes sortes de déboires et d'avanies, avant de voir son art si délicat compris et accepté.

Il lui fallait vivre de sa peinture maintenant que les ressources obtenues d'ailleurs lui manquaient et la chose devenait presque impossible. Il avait pensé avec quelques-uns de ses camarades à faire des ventes publiques, pour se trouver des acheteurs. Deux ventes aux enchères, à l'Hôtel Drouot, avaient été ainsi organisées. La première, le 24 mars 1875, la seconde le 28 mai 1877. A la première, Sisley avait mis vingt

Sisley. — Nature morte.

et une toiles, qui n'avaient réalisé ensemble que 2.455 francs, une moyenne d'un peu plus de 100 francs. Deux d'entre elles, il est vrai, de grandes dimensions, atteignaient le prix de 200 francs, et un *Barrage de la Tamise, à Hampton Court* montait par extraordinaire à 300 francs. A la même vente,

Claude Monet avait eu 20 tableaux, qui arrivaient à une moyenne de 2 à 300 francs. A la vente de 1877, les onze toiles mises par Sisley ne produisaient que le maigre total de 1.387 francs.

Ces ventes avaient été en réalité désastreuses. Sisley qui se défaisait de ses meilleures toiles et n'en obtenait guère que 100 francs avec les frais à défalquer, restait en détresse. En outre le public venu à la vente de 1877, alors que l'exposition des Impressionnistes de cette année avait causé une horreur générale, s'était fait de telles gorges chaudes des œuvres, il les avait accueillies avec de telles huées, que les artistes jugèrent inutile de recourir de nouveau aux enchères, ne devant leur attirer qu'un profit dérisoire et des humiliations publiques par-dessus le marché. Sisley se vit donc réduit, pour vivre, au prix à obtenir de ses tableaux vendus à l'amiable. En ces années de méconnaissance absolue, où les Impressionnistes eurent à supporter en commun la misère, Sisley fut de tous le plus malheureux, c'est lui qui a le plus souffert. Cézanne vivait d'une pension de son père. Renoir peignait des portraits payés. Monet et Pissarro, qui s'étaient produits en premier, avaient eu le temps de se faire une certaine clientèle et, quoiqu'elle fut très limitée, ils purent traverser les épreuves de cette époque, sans voir leurs œuvres descendre au-dessous du prix de 100 francs. Mais Sisley venu en dernier, à un moment où on ne pouvait plus se faire de clients spéciaux, se trouva dans un tel abandon, qu'il fut réduit à donner de ses petites toiles pour 30 et 25 francs. C'étaient des prix inférieurs à ceux que Pissarro et

Cézanne devaient jamais connaître, qui ne cessèrent, en aucun cas, d'obtenir pour leurs tableaux au moins 40 francs.

En son temps de pire misère, Sisley compta un pâtissier-restaurateur, Murer, parmi les quelques personnes qui le

SISLEY. — Le Loing à Moret.

soutinrent. Murer s'était trouvé tout jeune sans appui et, pour vivre, était entré chez un pâtissier comme apprenti. Puis il s'était élevé au rang de patron. Il tenait une pâtisserie sur le boulevard Voltaire, à laquelle il avait joint un restaurant. Mais il n'exerçait sa profession que comme pis aller, en aspirant à la quitter. Il était pénétré de goûts littéraires et artistiques; en effet, plus tard, dans l'aisance et retiré, il devait écrire des romans et peindre des tableaux. Alors qu'il était toujours pâtissier-restaurateur, il avait été amené à faire la connaissance des Impressionnistes par l'intermédiaire de

SISLEY. — Vue de Marly.

Guillaumin avec lequel il s'était lié tout jeune à Moulins, sa ville natale. Quand les années de détresse furent venues pour les Impressionnistes, que la question du vivre et du couvert se posa, à certains jours, pleine d'angoisse, il leur ouvrit son restaurant. Ils purent y manger. Sisley et Renoir profitèrent surtout de la facilité. Lorsque le nombre des déjeuners et des dîners atteignait une certaine limite, il recevait en paiement

Sisley. — Église de Moret.

un tableau. Il en acheta, par surcroît, un certain nombre, aux prix d'alors, qui paraîtraient aujourd'hui bien bas, mais que cependant personne à ce moment, sauf quelques amis, ne voulait payer. Il fut ainsi un des premiers qui reconnurent la valeur des Impressionnistes et surent se former une collection de leurs œuvres, et il fut aussi un de ceux qui, à l'époque de leur pire détresse, les aidèrent à vivre, en attendant des temps meilleurs.

J'ai publié, dans *La Revue Blanche*[1], des lettres qui font connaître l'état d'esprit où se trouvait Sisley, sous le coup de l'hostilité générale et de la misère prolongée. Toute son ambition n'allait qu'à trouver le moyen d'obtenir pour ses toiles ce prix de 100 francs, qu'il n'avait pu dépasser aux ventes publiques et qu'il ne pouvait même plus atteindre. Je donne ici une de ces lettres, qui apprendra quelle sorte de combinaisons il imaginait à la poursuite de ce résultat, en lui-même si misérable, mais que les circonstances lui faisaient cependant entrevoir comme le salut :

« Mon cher Duret,

« Avant votre départ de Paris et à la suite de la vente Hoschedé, vous avez pu constater, j'en suis sûr, le pas que j'ai fait dans l'opinion. Je n'ai donc pas besoin de vous faire l'article. Voilà l'été qui s'en va et je perds un temps qui m'est plus que jamais précieux.

« Parmi vos amis de la Saintonge, ne pourriez-vous pas

[1] 15 Mars 1899.

trouver un homme intelligent, qui aurait assez de confiance dans vos connaissances artistiques, pour se laisser convaincre par vous, qu'il ne ferait pas une mauvaise affaire, en plaçant

Sisley. — Bords du Loing.

quelque argent dans l'achat de tableaux d'un peintre sur le point d'arriver.

« Si vous le connaissez, voilà ce que vous pourriez lui proposer de ma part : 500 francs par mois, pendant six mois, pour 30 toiles. A l'expiration des six mois, comme il peut n'être pas disposé à garder 30 toiles du même peintre, il pourra en distraire une vingtaine, risquer une vente, rentrer ainsi dans ses débours et avoir 10 toiles pour rien.

« Cette dernière combinaison m'a été suggérée par Tual, (le commisseur-priseur successeur de Boussaton) que j'ai vu ces jours derniers et auquel j'ai vendu une toile. Il m'a engagé fortement à faire une vente l'hiver prochain, en m'assurant du succès. Vous voyez, mon cher Duret, que l'affaire que je vous propose est tout à fait pratique et a toutes chances de réussir. Tâchez donc de me trouver ce commanditaire.

« Il s'agit pour moi de ne pas laisser passer l'été sans travailler sérieusement, sans préoccupations, pour pouvoir faire de bonnes choses, persuadé qu'à la rentrée on marchera. Petit ne sera pas éloigné, à ce moment-là, de me donner un coup d'épaule.

« Persuadé que vous ferez votre possible pour la réussite de ce que je vous propose et en attendant votre réponse, je vous serre la main d'amitié.

« A. SISLEY. »

« 18 août 1878.

Quelques mois après, il pensait à revenir au Salon, et il avait des doutes d'ailleurs justifiés sur la possibilité de s'y faire recevoir :

« Mon cher Duret,

« Je vous crois assez de mes amis pour, à un moment donné, faire un effort, pour contribuer à me donner un coup d'épaule. Quelques-uns de mes amis, beaucoup par amitié et un peu intéressés à ce que j'arrive, me prêtent leur concours. Je compte sur le vôtre.

« Je suis fatigué de végéter comme je le fais depuis si longtemps. Le moment est venu pour moi de prendre une

Sisley. — Le pont de Moret.

décision. Nos expositions ont servi, il est vrai, à nous faire connaître et en cela elles nous ont été très utiles, mais il ne faut pas, je crois, s'isoler plus longtemps. Le moment est encore loin, où l'on pourra se passer du prestige qui s'attache aux expositions officielles. Je suis donc résolu à envoyer au Salon. Si je suis reçu, et il y a des chances cette année, je crois que je pourrai faire des affaires et c'est pour m'y préparer, que je fais appel à tous ceux de mes amis, qui me portent de l'intérêt. Il faut que je puisse travailler et surtout faire voir ce que je fais dans des conditions convenables. Je quitte Sèvres ces jours-ci, mais je ne m'éloignerai pas de Paris.

« A. SISLEY. »

« Sèvres, le 14 mars 1879.

Je ne connais rien de plus triste que ces lettres. Voici un homme plein de talent, qui, arrivé à trente-huit ans, en est réduit à rechercher, comme suprême espoir, le capitaliste qui, en lui donnant 3.000 francs pour 30 toiles, le mettrait à même de vivre et de travailler pendant six mois. Et ce même homme, désireux de se produire aux Salons officiels qu'un gouvernement paternel ouvre à des centaines de cuistres, est obligé de reconnaître que ce que les autres obtiennent de droit, lui sera peut-être refusé comme à un indigne. Il faut dire à la louange de Sisley que, dans sa détresse, il ne pensa jamais à dévier de la voie où il était entré, à faire la moindre concession au public, pour essayer de se le rendre favorable. L'exemple de tant d'autres qui savent l'allécher en se pliant à ses demandes et en empruntant aux sources qui lui plaisent, fut absolument perdu pour lui. Il persista dans sa manière propre, qui le condamnait à la misère. Elle était la manifestation même de sa personnalité, elle correspondait à ce que son jugement lui faisait reconnaître comme juste, et dès lors il s'y tenait, coûte que coûte. Il a offert par là un bel exemple à suivre de probité et de vaillance artistiques.

Sisley a toujours habité dans les environs de Paris ; avant

la guerre à Louveciennes et à Bougival; après, jusqu'en 1875, à Voisins et à Marly. De ces années sont les vues de la Seine prises à Port-Marly et aux alentours, et les paysages que lui fournissent les côteaux de Louveciennes cou-

SISLEY. — L'Inondation.

verts de vergers. De 1875 à 1879, il habite Sèvres. Il y prend des vues de la Seine et de ses bords vers Meudon et Saint-Cloud. En 1879, il va s'établir près de Moret, puis à Moret même, où il résidera définitivement. Les bords du Loing et Moret lui ont fourni une très grande variété de motifs. Moret, son pont, son église, ses moulins, les maisons qui bordent la rivière sont entrés dans la mémoire de toutes les personnes familières avec l'œuvre de Sisley.

En 1874, M. Faure, le baryton de l'Opéra, l'emmena en Angleterre. Il en rapporta des vues de la Tamise à Hampton Court. En 1894, il peint en Normandie, aux environs de Rouen. En 1897, de mai à octobre, il séjourne sur la côte du Pays de Galles près de Swansea et de Cardiff à Longlang et Pennarth. Il y peint les falaises et la mer. Sisley, qui parlait couramment l'Anglais, possédait des avantages pour aller travailler en Angleterre. Il n'en n'a profité qu'exceptionnellement. Il était tout ce qu'il y a de plus Français par ses mœurs, ses idées, ses préférences, et il se sentait fort dépaysé en Angleterre. Il était malgré tout resté Anglais de par sa naissance. En 1895, il voulut devenir Français, en obtenant la naturalisation. Il fit les démarches nécessaires, mais il ne sut produire certains papiers de famille exigés, de telle sorte que sa demande resta en suspens et qu'à sa mort il demeurait de nationalité anglaise. Il mourut à Moret le 29 janvier 1899, d'un cancer des fumeurs.

Sisley n'avait point vu, avant de mourir, un réel changement de fortune se produire en sa faveur. Il était jusqu'au dernier jour demeuré dans la gêne, quoique, à la fin, sa situation se fut améliorée et qu'il vendit ses œuvres plus facilement. Une certaine satisfaction lui était venue par ailleurs. Le projet qu'il avait momentanément formé de se représenter au Salon n'avait point eu de suites. Il ne devait jamais réapparaître à l'ancien Salon officiel. Mais en 1890, la *Société nationale des Beaux-Arts* se constitua, en dissidence avec la

Société des Artistes français continuant les anciens Salons, et inaugura au Champ-de-Mars une exposition propre, comme un second Salon, où il fut favorablement accueilli. Il expose donc au Champ-de-Mars en 1894, 1895, 1896, 1898, des ensembles de 7 et 8 tableaux. Ce fut un réel avantage pour lui de paraître ainsi à des expositions éclatantes, visitées par le grand public; il en reçut une consécration relative.

Cependant, par un changement aussi subit que profond, tout ce qu'on avait refusé aux œuvres de Sisley lui présent, on allait le leur donner lui parti. On sait depuis longtemps que la mort d'un artiste est l'événement le plus favorable qui puisse survenir pour amener le succès de ses œuvres. Il y a l'histoire de Téniers qui, ne trouvant plus à se défaire des tableaux qu'il avait peints en trop grand nombre, fit accréditer le bruit de sa mort et vit tout de suite les acheteurs se les disputer. Ce que l'on dit être arrivé à l'occasion de la mort simulée de Téniers, s'est réellement produit à la mort de Sis-

Sisley. — Rue à Ville-d'Avray.

ley. Trois mois après, on vendit au profit de ses deux enfants, dans la salle Petit, rue de Sèze, 27 des toiles qu'il avait laissées. Les amateurs et les marchands vinrent se les disputer. Les prix étaient bien différents de ceux des anciennes ventes, en 1875 et 1877, où la moyenne de 100 francs n'avait guère pu être dépassée. Les 27 toiles vendues procuraient 112.320 francs.

Les œuvres de Sisley deviennent alors l'objet d'une faveur générale. On reconnaît ainsi quelle singulière transformation peut se produire, lorsqu'une nouvelle génération entre en scène, ignorant l'état d'esprit de la devancière. Tant que les défenseurs des premiers temps de méconnaissance absolue étaient demeurés seuls à louer les œuvres des Impressionnistes en général et celles de Sisley en particulier, ils avaient comme prêché dans le désert, mais de nouveaux venus, dans un milieu modifié, se mettant maintenant à les vanter, trouvaient tout un public pour les croire et les suivre. On voyait donc surgir de nouveaux marchands, de nouveaux partisans; en premier des jeunes gens, les frères Joseph et Gaston Bernheim qui, pénétrés eux-mêmes de goûts avancés, se faisaient écouter en recommandant les œuvres de Sisley. Ils allaient chercher chez les possesseurs qui autrefois les avaient acquis à bas prix, des tableaux qui sortaient des lieux ignorés où ils avaient été tenus, pour prendre place dans les collections les plus en vue. C'est en très grand nombre que les toiles de Sisley, dans l'année qui suivit sa mort, changeaient ainsi de mains, à des prix de plus en plus élevés. Le véritable engouement qu'elles causaient trouvait sa pleine expression à la vente Tavernier le 6 mars 1900. Il y en avait 14, la principale, *L'Inondation,* qui excitait la convoitise générale, admirée comme un chef-d'œuvre, disputée par quelques-uns des amateurs les plus riches de Paris, était adjugée au comte Isaac de Camondo, pour le prix retentissant de 43.000 francs.

Sisley, de tous les Impressionnistes, celui qui avait le plus souffert, devait, par une sorte de réparation, être le premier à recevoir un hommage public signalé. Les habitants de Moret lui ont élevé par souscription un monument, près du pont de leur ville. Ils ont su honorer la mémoire de l'artiste qui avait vécu au milieu d'eux.

RENOIR

Le propre des Impressionnistes peignant directement devant la nature, a été de faire apparaître les objets sous les colorations fugitives et changeantes, dont les variations de la lumière et les effets de l'atmosphère pouvaient les revêtir. Les objets reproduits par eux ont pris une coloration plus vive et plus diaprée que celle qu'ils avaient jusqu'alors reçue des peintres retenus dans l'atelier. Les champs, les bois, les rivières et la mer se sont nuancés sous le pinceau de ces Impressionnistes, qui ont été surtout des paysagistes, Pissarro, Claude Monet, Sisley, Guillaumin, d'une variété de tons imprévue. Ce que les autres avaient fait pour le paysage auquel ils s'étaient avant tout consacrés, Renoir l'a fait pour les êtres humains. Les visages et les chairs, les vêtements et les accessoires ont pris un très grand éclat sur ses toiles. Les personnages qu'il a peints apparaissent colorés, dans un ensemble clair, plein de combinaisons de tons, ils forment partie d'un tout lumineux. Mais il n'est point parvenu à sa manière personnelle telle que nous la définissons du premier coup, il ne l'a naturellement atteinte qu'avec le temps, en passant, comme les autres de l'Impressionnisme, par certaines étapes.

Renoir (Pierre-Auguste) est né à Limoges le 25 février 1841. Il avait trois ou quatre ans lorsqu'il fut emmené à Paris par son père, petit tailleur qui, pensant y faire fortune, venait y résider. Le tailleur ne trouva pas à Paris la fortune entrevue, il y vécut péniblement, et comme il était chargé de cinq enfants, chacun d'eux, le moment venu, dut se mettre à travailler. Auguste adopta le métier de peintre sur porcelaine, à l'instigation de son père qui, à Limoges, l'avait vu pratiquer. De treize à dix-huit ans, il fut donc peintre ouvrier sur porcelaine. Toute son ambition se bornait d'ailleurs, en ce moment, à prétendre entrer à la manufacture de Sèvres, pour y exercer son métier de peintre sur porcelaine.

Il fut subitement détourné de cette perspective. La décoration de la porcelaine industrielle avait été demandée jusqu'alors au travail manuel d'ouvriers, lorsqu'une invention la fit exécuter par une machine. Du coup les ouvriers peintres sur porcelaine privés de travail, durent se chercher un autre emploi. Renoir, après un certain temps de chômage, découvrit un nouveau filon à exploiter, celui de la peinture de stores. Il avait acquis à cette époque une grande dextérité de main et avec ses facultés natives maintenant développées, il put s'appliquer avec une telle supériorité à son nouveau travail, qu'après trois ou quatre ans, il se trouva des économies suffisantes, pour pouvoir l'abandonner et satisfaire les ambitions de l'artiste alors apparues, en

RENOIR. — Lise.
(Salon de 1868.)

entrant dans l'atelier d'un peintre en renom, de Gleyre. Ce fut là, en 1861-1862, qu'il rencontra d'abord Sisley et Bazille, puis Claude Monet, et qu'il se lia d'amitié avec eux.

Il envoie pour la première fois, au Salon de 1863, un tableau qui est refusé. Conçu dans la donnée romantique, il représentait une femme nue, couchée sur un lit et près d'elle un nain, pinçant de la guitare. Il répète en 1864 l'envoi au Salon d'un tableau romantique qui, cette fois, est reçu. On y voyait Esméralda, l'héroïne de Victor Hugo, dansant la nuit sur la place de Grève, avec les tours de Notre-Dame dans le fond. Renoir détruisit ces deux premiers tableaux, lorsqu'il se mit à peindre en se rapprochant de la nature. Cette heureuse transformation se produit dès 1865, où il envoie au Salon deux toiles reçues, peintes sur nature : *Le portrait de M*me *W. S.*, et une *Soirée d'été*.

Il n'apparaît pas aux Salons de 1866 et de 1867. Il y avait probablement envoyé des tableaux qui auront été refusés. Il envoie au Salon de 1868, *Lise*, qui est reçue, une jeune fille en pied de grandeur naturelle, vêtue d'une robe blanche, une ombrelle à la main. Cette œuvre marque un grand pas en avant, elle a été peinte en plein air, dans la forêt de Fontainebleau. La jeune fille, le terrain autour d'elle et un tronc d'arbre par-derrière reçoivent les plaques de lumière et les reflets que le soleil fait descendre à travers le feuillage. Les caractères de la peinture de plein air sont là maintenant bien établis, mais en même temps s'y révèlent encore des traits dus au maître qui influençait alors tous les jeunes artistes portés vers l'observation directe de la nature, Courbet. Renoir faisait recevoir au Salon de 1869 *En été*, où la même Lise de l'année précédente lui avait servi de modèle. Elle était montrée à mi-corps, les bras nus, les mains croisées sur les genoux, sa chevelure dénouée sur les épaules. Le tableau avait encore été peint en plein air et, derrière la jeune fille, le feuillage d'un vert très vif était pénétré par les rayons du soleil. C'était un nouveau pas fait dans la voie de la peinture colorée et lumineuse en plein air. En 1870, Renoir met au Salon deux tableaux, *Baigneuse* et une *Femme d'Alger*. La baigneuse était un morceau très ferme, une femme nue, de grandeur naturelle, en pied, vue de face. La *Femme d'Alger*, aussi de grandeur naturelle, étendue sur un canapé, n'offrait d'algérien que le nom. Un modèle parisien vêtu d'un costume oriental de fantaisie, l'avait donnée.

RENOIR. — Danseuse.

L'année 1871 ne voit pas de Salon, par suite de la guerre étrangère et de la guerre civile qui sont venues interrompre la vie normale. Les Salons reprennent en 1872. Renoir envoie à celui de cette année un tableau de grande dimension, qui est refusé. Il montrait, sous le titre de *Parisiennes habillées en Algériennes*, un groupe de femmes dans un intérieur, vêtues de costumes orientaux de fantaisie. Toutes les parties étaient pleines de tons et de reflets, les ombres elles-mêmes étaient colorées. En 1873, Renoir envoie au Salon deux tableaux, *l'Allée cavalière au Bois de Boulogne* et un portrait. Ils sont aussi refusés. On est étonné aujourd'hui quand on revoit *l'Allée cavalière*[1], qu'elle ait jamais pu être condamnée par un jury de peintres. Une amazone à peu près de grandeur naturelle sur un cheval et à côté d'elle un jeune garçon sur un poney, viennent vers le spectateur, le cheval de l'amazone au grand trot, le poney au galop. On est là en présence d'une œuvre de belle allure où l'auteur atteint la grande force d'exécution. Il est présumable que c'est le coloris, alors déconcertant par sa nouveauté, où apparaissent les reflets et les variations de tons propres à Renoir et à l'Impressionnisme, qui a fait repousser l'œuvre.

La difficulté grandissante de se faire recevoir aux Salons, avec les particularités de sa manière maintenant développées, amène Renoir à se joindre à ses amis, Monet et Sisley, pour montrer ses œuvres hors des Salons, dans des expositions particulières. Il prend part avec eux à la première exposition chez Nadar, en 1874, sur le boulevard des Capucines. Il y met cinq tableaux à l'huile et un pastel. Parmi se trouvaient deux œuvres que l'on peut dire de ses meilleures : *La danseuse* et *La loge*. *La danseuse* est une toute jeune fille,

---

[1] Ce tableau appartient à M. Henri Rouart.

RENOIR
Portrait de Mme J.-B.

RENOIR
Portrait de Mme J.-B.

debout, de grandeur naturelle, avec un jupon de tulle bouffant. *La loge* représente une femme assise au théâtre, et près d'elle un jeune homme en habit noir et cravate blanche. Tout le monde admire ces deux œuvres maintenant, mais elles ne furent remarquées, en 1874, que pour exciter les rires et les railleries.

Renoir, en 1876, mettait à la seconde exposition des Impressionnistes dix-huit œuvres variées. C'étaient les années où les Impressionnistes, pris d'une mutuelle émulation, atteignaient la plénitude de leur originalité. Renoir comme les autres a donc été en accentuant sa manière, d'exposition en exposition, et à celle de 1877, rue Le Peletier, ses envois le montraient sous un aspect tout à fait par-

Renoir. — Avant le bain.

ticulier. Les principaux étaient *La Balançoire* et le *Bal à Montmartre* ou *Moulin de la Galette* qui, comme faisant partie de la collection Caillebotte, sont entrés au Musée du Luxembourg.

Au Salon de 1868, avec sa *Lise*, il avait montré pour la première fois une figure sous le feuillage, traversé par des rayons lumineux. *La Balançoire* et le *Moulin de la Galette*, exposés rue Le Peletier en 1877, répétaient cette disposition.

On avait des personnages en plein air, sous le feuillage éclairé par le soleil, avec des taches de lumière répandues sur eux et sur le sol. Mais dans l'intervalle de 1868 à 1877, Renoir, par sa persistance à travailler en plein air, est arrivé à serrer de plus en plus près les jeux de la lumière et les colorations naturelles, et en effet son feuillage éclairé apparaissait maintenant coloré d'une toute autre manière qu'en 1868. Son feuillage de 1868 avait été de ce vert clair, adopté comme note permanente par les paysagistes jusqu'alors et ses taches lumineuses avaient été de cette sorte de jaune, uniformément employé pour représenter les parties éclairées directement par le soleil, en opposition avec les parties dans l'ombre. Mais maintenant les Impressionnistes Pissarro, Monet, Sisley, Renoir, ont reconnu en commun, que les colorations de la lumière et de l'ombre en plein air ne sont jamais semblables, qu'elles varient selon les heures, les saisons et les circonstances atmosphériques. D'après ces observations, cherchant à être aussi vrais que possible, ils étaient arrivés à rendre les éclats de la lumière et les ombres en toute occasion diversement colorés.

On avait vu Pissarro et Monet peindre des effets de neige et de givre au soleil, où les ombres portées avaient pris des tons bleus. Sisley avait peint des terrains ensoleillés rose lilas. Dans cette même voie, Renoir venait maintenant donner une teinte générale violette aux personnages et aux terrains de sa *Balançoire* et de son *Bal à Montmartre*, placés sous le feuillage éclairé par le soleil. Depuis on s'est tellement familiarisé avec les ombres colorées, les tons violets en particulier sont revenus si souvent, qu'ils passent sans exciter de

Renoir. — Jeune Garçon.

remarque mais, en 1877, ils apparaissent comme une innovation monstrueuse. On se maintenait alors dans la conception traditionnelle, qui faisait considérer l'ombre et la lumière comme des oppositions fixes, l'ombre apparaissait toujours sur les toiles semblable à elle-même, épaisse ou légère, mais uniformément en noirceur. Renoir étendant un ton général violet qui fut de l'ombre, faisait donc l'effet d'un extravagant, d'un ignorant, d'un contempteur des règles. Il contribuait ainsi par son apport d'originalité au débordement de mépris, d'injures, de risées qui accueillait les Impressionnistes à leur exposition. Il en avait par là même sa part et, comme conséquence, il éprouvait les pires difficultés à vendre ses œuvres, de manière à pouvoir vivre.

Il avait à ses débuts connu le manque d'argent et subi l'extrême gêne, il n'en était jamais réellement sorti et il se voyait, après ses expositions avec les Impressionnistes, dans un plus grand embarras que jamais. Il avait cherché à se procurer des ressources, par la vente de ses toiles aux enchères. Il se joignait donc à Claude Monet, à Sisley, à Berthe Morisot, en mars 1875, pour faire une première vente publique à l'Hôtel Drouot, et en mai 1877, à Pissarro, Sisley et Caillebotte, pour en faire une seconde. Les prix obtenus avaient été dérisoires. Les vingt toiles mises à la vente de 1875, ne produisaient que 2.150 francs. Il s'en trouvait dans le nombre d'importantes et des meilleures, telles que *Avant le bain*, une jeune femme le buste nu, les bras levés, dénouant sa chevelure, dont le prix ne dépassait pas 140 francs. *Une vue du Pont-Neuf* montait par extraordinaire à 300 francs. A

RENOIR. — Portrait de Mme Charpentier et de ses filles.
(Salon de 1879.)

la vente de 1877, après l'exposition de la rue Le Peletier, il n'obtenait pas meilleur succès, seize toiles ne produisaient toutes ensemble que 2.005 francs.

Renoir, après l'insuccès de ces deux ventes publiques, renonçait à en essayer de nouvelles. Dans l'état de mépris où la condamnation prononcée contre ses œuvres les avait fait tomber, il ne pouvait d'ailleurs parvenir à les vendre convenablement à l'amiable. La question d'obtenir de son travail une rémunération qui lui permit de vivre, était donc devenue angoissante. Il va la résoudre, en s'adonnant tout particulièrement à la peinture de portrait. Il la pratiquait depuis longtemps. -- Il avait entre autres peints comme portraits intéressants, ceux de ses camarades Bazille, Monet et Sisley. — Il va maintenant la développer, en peignant des portraits qui seront des œuvres importantes par les dimensions et les arrangements et il obtiendra, dans cette voie, un appui suffisant, de la part de gens éclairés et de gens riches, pour se tirer de l'extrême gêne où il avait jusqu'alors vécu.

M. Choquet fut le premier à demander à Renoir des portraits. C'était un homme d'un goût sûr. Il avait d'abord, dans sa jeunesse, admiré Delacroix, puis à la première vue des Impressionnistes, alors qu'ils se produisaient en excitant une horreur générale, avait su reconnaître en eux de grands artistes. Il se liait particulièrement d'amitié avec Renoir et Cézanne. Il faisait exécuter à Renoir deux portraits de lui, des têtes, trois portraits de sa femme dans des poses diverses et un petit portrait, d'après une photographie, d'une fille qu'il avait perdue. La plupart étaient montrés à l'exposition de 1876.

RENOIR. — Jeune Parisienne.

Mais M. Choquet ne jouissant alors que d'une modeste aisance, n'avait pu demander que des œuvres de dimensions restreintes. Renoir allait maintenant trouver des gens riches, qui lui feraient exécuter des portraits, qui seraient de grands tableaux.

Parmi les hommes d'un goût éclairé qui, en contradiction avec le public, avaient su d'abord comprendre l'art neuf des Impressionnistes, se trouvait l'éditeur Charpentier. Il faisait peindre à Renoir un premier portrait de sa femme, une tête, envoyé à l'exposition de la rue Le Peletier en 1877. Ce portrait avait été jugé excellent, dans le petit cercle où l'on savait apprécier les Impressionnistes. M. et Mme Charpentier, encouragés par ce succès, demandent maintenant à Renoir une œuvre des plus importantes. Mme Charpentier sera peinte de grandeur naturelle dans un arrangement avec ses enfants. Le tableau, tel qu'il existe, la montre en effet vêtue d'une robe noire, assise sur un sofa; à côté d'elle sur le parquet sont ses deux fillettes jouant avec un gros chien. Tout l'ensemble est coloré, les lambris du fond, le tapis du parquet, les vêtements multicolores de la mère et des enfants, le poil noir et blanc du gros chien forment un assemblage de tons tranchés, tous en valeur et en même temps tenus dans une gamme d'une grande harmonie et d'une parfaite justesse.

Lorsque cette maîtresse œuvre eut été peinte, la question se posa de la montrer au Salon, où elle serait vue par l'élite et la foule. Mais se présenter au Salon et prétendre s'y faire recevoir, après les refus naguère subis et la réputation d'artiste dévoyé acquise aux expositions des Impressionnistes,

eut indiqué de la part de Renoir laissé à lui-même une grande
présomption. Heureusement qu'il allait trouver de l'appui.
Mme Charpentier, qui avait un salon, où fréquentait le tout
Paris littéraire et artistique et jouissait en conséquence d'une

RENOIR. — Portraits des demoiselles Bérard.
(National-Galerie, Berlin.)

très grande influence, allait se mettre en campagne. En
même temps que le portrait de Mme Charpentier, Renoir présentait à l'examen du jury le portrait en pied, aussi de
grandeur naturelle, de Mlle Jeanne Samary, une sociétaire
de la Comédie-Française, favorite du public. Refuser les
portraits de femmes aussi en vue que Mme Charpentier et

Mlle Samary devint impossible, après les démarches répétées faites, auprès des membres du jury, par Mme Charpentier elle-même et les personnes qu'elle fit agir. Les deux portraits furent donc reçus et même au Salon exposés fort en vue sur la cimaise. Renoir le refusé des Salons de 1872 et de 1873, le peintre honni et conspué aux expositions des Impressionnistes, rentrait ainsi avantageusement au Salon de 1879.

En cette même année, il fut appelé à faire un premier portrait par des gens du monde riches, M. et Mme Bérard, avec lesquels il allait se lier d'amitié. M. et Mme Bérard ne prétendaient point être des connaisseurs en peinture — par bonheur pour Renoir car, au cas contraire, ils n'eussent probablement vu en lui qu'un artiste dévoyé, comme le faisaient en masse les gens du monde — ils demeuraient sans opinion sur les mérites ou les démérites de l'Impressionnisme, dans un état d'esprit tranquille. M. Deudon, un de leurs amis, avait acheté *La Danseuse* de Renoir. Il la leur avait montrée, comme une œuvre pleine de charme et les avait sollicités de faire exécuter, par son auteur, le portrait d'une de leurs filles. Les Bérard avaient en effet trouvé de l'agrément à la danseuse et après des hésitations fort naturelles, puisqu'il s'agissait d'un artiste alors absolument décrié, ils se décidaient à demander à Renoir le portrait de leur fille aînée, Marthe. Renoir s'arrêta à une pose simple, à un coloris sobre, de manière à ne pas effaroucher. Il peignit la jeune fille debout, sur fond neutre, les mains croisées devant elle, vêtue d'une courte robe noire, avec une ceinture bleue et

Berthe Morisot. — Dessin inédit.

collerette et manchettes de dentelle. Cette œuvre était très réussie et les Bérard furent enchantés de la grâce, qu'ils trouvaient à leur fille sur la toile. Ils avaient su en même temps apprécier la bonne humeur et l'esprit avisé du peintre. Ils en font donc un ami. Ils vont l'avoir chez eux, en ville et à la campagne et lui feront peindre tout un ensemble de portraits.

Renoir qui avait commencé par une œuvre très sobre, après deux ou trois autres semblables, se sentant en pied dans la maison, devait se permettre des arrangements de toute sorte et atteindre l'extrême hardiesse du coloris. Il faisait ainsi successivement dix portraits. Quand on sait ce que valent les portraits de certains peintres en renom, l'idée d'en trouver dix de l'un d'eux dans un même lieu, serait suffisante pour le faire éviter. Mais les portraits de Renoir rendaient l'intérieur des Bérard délicieux. On pouvait reconnaître là comment un véritable artiste, un peintre inventeur est apte

RENOIR. — Baigneuse.

à obtenir, sur un thème donné, de réelles œuvres d'art, variées à l'infini. Il a peint une tête de Mme Bérard, où passe sur les traits une sorte de sourire de bonté, de charme et de distinction, puis une tête de la plus jeune fille, la petite Lucie, avec les cheveux ébouriffés et l'expression effarouchée de l'enfance. Il a peint en plein air, sur la plage de Berneval, la jeune Marguerite en pied, en costume de bain, en donnant à l'ensemble la fameuse tonalité violette qui lui est propre. Il a remis ses tons violets comme fond, dans un portrait du fils Paul, vêtu d'un « complet » bleu. Il a réuni toutes les têtes des enfants, quelques-unes répétées deux fois, sur une même toile, et a fait de cet ensemble très clair, une sorte de salade pleine de vie. Enfin, comme couronnement, en dernier, il a groupé sur une grande toile les trois sœurs, Marthe, Marguerite et Lucie. Elles sont là, sans ombre, dans ce que l'on pourrait appeler la crudité de la pleine lumière. L'aînée vue de profil, coud, assise sur une chaise, vêtue d'une robe grenat, les deux autres, en costume beige, sont l'une debout, l'autre étendue sur un canapé, un livre ouvert devant elle. Cette œuvre est exécutée dans une gamme de tons audacieuse qu'il n'a jamais dépassée; elle est à placer, comme importance et comme réussite, à côté du portrait de Mme Charpentier et de ses filles.

Renoir reçu au Salon, continuait à s'y montrer après 1879, pendant plusieurs années. En 1880, il y mettait *Les pêcheuses de moules* et une *Jeune fille endormie*. *Les pêcheuses de moules*, — la principale debout, une hotte dans le dos —

ont été peintes sur la plage de Berneval, un village de bains de mer, près de Dieppe, à côté de Wargemont, la propriété des Bérard, où Renoir séjournait à maintes reprises. Il peignait donc tant à Berneval qu'à Wargemont, de nom-

Renoir. — Les Canotiers.

breuses œuvres. En 1881, il mettait au Salon deux portraits de jeunes femmes, en 1882, un seulement, et en 1883, un encore.

Renoir envoyant aux Salons avait momentanément délaissé ses amis les Impressionnistes, il manquait à leurs expositions de 1879, de 1880 et de 1881. Mais il se remettait avec eux à celle de 1882, tenue au n° 251 de la rue Saint-Honoré, dans le salon du panorama de Reichshoffen, sur l'emplacement maintenant occupé par le Nouveau-Cirque. Il n'y envoyait pas moins de 25 toiles. Plusieurs peintes à Bougival et à Chatou étaient consacrées aux plaisirs des canotiers. A cette époque — 1880-1882 — où la bicyclette n'était point encore connue, le canotage formait l'exercice préféré de la jeunesse parisienne. Il donnait aux bords de la Seine près de Paris, une animation qu'ils ont aujourd'hui perdue. La principale des toiles suggérées par le canotage, *Les canotiers*, compte même dans l'œuvre de Renoir, comme une des plus importantes qu'il ait peintes, par ses dimensions et les traits saillants qui s'y rencontrent de la peinture en plein air. Les canotiers et leurs compagnes se voient assemblés après déjeuner autour d'une table, sous une tente. La Seine et ses bords boisés, éclairés par le soleil forment un fond lumineux au tableau et en augmentent l'éclat général.

En 1883, M. Durand-Ruel avait loué temporairement le premier étage d'une maison en réparation, au n° 9 du boulevard de la Madeleine. Il y faisait de mars à juin des expositions, dont chacune était consacrée exclusivement à un peintre impressionniste. Renoir, du 1er au 25 avril, pouvait exposer ainsi un ensemble de 70 œuvres anciennes, déjà vues ou récentes, montrées pour la première fois. Parmi ces dernières se trouvaient deux toiles particulièrement réussies, *Danseurs Bougival* et *Danseurs Paris*, la valse sous deux aspects différents. A Bougival, un canotier en « complet » bleu et une jeune femme en robe de campagne, à Paris, un jeune homme en habit noir et cravate blanche et une partenaire en costume de soirée.

Aux expositions de 1882 et de 1883, rue Saint-Honoré et sur le boulevard, Renoir avait mis des vues de Venise, de Naples, d'Alger, et des toiles dénommées, *Femme assise Alger*, *Négresse Alger*. Il ne s'agissait plus maintenant, comme avec la *Femme d'Alger* du Salon de 1870, de types de fantaisie arrangés à Paris, mais de véritables Algériennes, obtenues sur les lieux. Renoir avait rapporté de nombreuses toiles d'un voyage en Italie et en Algérie. Il avait dans l'hiver de 1881-1882, visité Venise où il peignait, Rome où il se contentait de regarder, Naples et Palerme où il peignait de nouveau. En revenant à Marseille l'hiver, il fut pris d'un refroidissement, et le médecin lui interdisant de rentrer à Paris, il alla passer le printemps de 1882 à Alger. Il y peignit des tableaux, où est porté à sa dernière accentuation le rendu du ciel, de la mer et de la végétation, éclairés par l'ardent soleil d'Afrique.

A l'exposition du boulevard de la Madeleine figurait aussi un portrait de Richard Wagner, peint dans des circonstances assez particulières. Renoir venu à Naples apprit que Wagner passait l'hiver à Palerme. Renoir était un enthousiaste de la musique de Wagner, qu'il avait entendue dès les premiers moments où on avait commencé à la jouer à Paris. Il partit pour Palerme, un peu avec le désir de voir la Sicile, mais surtout avec celui de peindre un portrait de Wagner. Il s'était muni de lettres de recommandation, qu'il perdit en route et ne put produire. Il entra en relations, dans son embarras, avec M. de Joukowsky, un admirateur passionné de Wagner, qui le suivait partout et qui se trouvait naturellement auprès de lui à Palerme. Renoir présenté par M. de Joukowsky à Wagner, lui raconta comment il avait d'abord entendu sa musique dans des cénacles à Paris, où figuraient de ses amis français de la toute première heure, dont il lui cita les noms. Wagner se montra sur cela fort cordial. Il consentit à poser devant lui, quoiqu'il ne l'eut encore fait, dit-il, pour aucun peintre, il n'avait jamais posé que devant des photographes. Renoir ne sait point s'il est réellement le seul peintre en faveur de qui Wagner ait fait une exception, il sait seulement que Wagner le lui a déclaré. Wagner se tint assis un peu plus d'une demi-heure. Dans ce court espace de temps, Renoir enleva une tête pleine de caractère, que l'on sent d'une grande ressemblance. La demi-heure passée, Wagner se trouvait fatigué, il devenait cramoisi. Renoir prit donc congé. Le but de son voyage à Palerme était atteint. Il emportait le portrait qu'il était venu pour peindre.

Renoir qui avait cessé d'exposer aux Salons après 1883, se reprenait exceptionnellement à envoyer, une dernière fois, à celui de 1890. Il y mettait une grande toile très colorée et lumineuse, donnant les portraits des trois filles de M. Catulle Mendès. L'aînée y est représentée assise au piano, la cadette debout près d'elle un violon sous le bras, l'archet à la main, et la plus jeune appuyée des deux mains sur le piano.

*
* *

Le peintre Caillebotte mourait encore jeune en 1894. Il instituait Renoir, avec lequel il avait été très lié, son exécuteur testamentaire. Renoir allait avoir de ce fait toute une action à poursuivre auprès de l'État. Caillebotte s'était joint aux Impressionnistes à leur seconde exposition, en 1876. Il s'y était produit avec ses *Raboteurs de parquet*, des œuvres exécutées à l'atelier, de tons sobres, par conséquent ne laissant point voir ces traits marqués, que la pratique de peindre en plein air avait amenés chez les Impressionnistes. Caillebotte après ce début, liant définitivement son sort au leur, devait se mettre comme eux à peindre en plein air devant la nature. Mais tout en développant à son tour la gamme des tons clairs, il le faisait sans ajouter un apport très neuf à ce que les premiers partis avaient trouvé. Il devait peindre le paysage en s'inspirant surtout de Claude Monet. Quand il se joignait aux Impressionnistes le grand effort était fait, la formule de l'art nouveau était établie, et quoique ses œuvres soient dignes d'une place au milieu des autres, elles ne sauraient cependant y être tenues qu'au second plan.

Caillebotte était riche. Il avait formé une importante collection d'œuvres de Manet, de Degas, de Pissarro, de Claude Monet, de Sisley, de Renoir, de Cézanne, qu'il léguait par testament à l'État, pour être placée au Musée du Luxembourg. Quelques années auparavant l'offre faite au Musée de l'*Olympia* de Manet, avait causé de telles colères, vu naître une telle résistance avant d'être acceptée, que le legs survenant maintenant, en addition, de tout un ensemble d'œuvres de Manet et des Impressionnistes susciterait sûrement une grande hostilité et courait même risque d'être refusé. Renoir devait donc se livrer à un long travail, de concert avec les héritiers de Caillebotte, auprès des représentants de l'État, pour faire accepter les tableaux légués.

Une opposition très forte contre l'entrée au Luxembourg d'une collection entière d'Impressionnistes se manifesta en effet dans certains milieux artistiques. Cependant ceux qui s'y laissaient aller n'osèrent poursuivre ouvertement le rejet du legs. Ils prirent une voie détournée pour atteindre leurs fins. Ils essayèrent d'abord d'empêcher que les conditions mises à sa générosité par le testateur ne fussent remplies, puis, déjoués sur ce point, s'efforcèrent d'obtenir, comme pis aller, qu'on n'acceptât qu'une partie de la collection, réduite le plus possible. Le testateur demandait que tous ses tableaux entrassent au Luxembourg sans distinction. Il ne s'était point inquiété de l'exiguïté du Musée. Arguant du manque de place, l'administration des Beaux-Arts déclara qu'elle n'accepterait les tableaux, qu'à la condition d'être laissée libre de choisir dans l'ensemble les meilleurs, pour les placer au Musée, en nombre proportionnel à l'espace disponible. Les autres seraient envoyés aux Palais de Compiègne et de Fontainebleau. Renoir et les héritiers de Caillebotte repoussèrent cette proposition. Ils craignaient que s'ils laissaient pleine liberté à l'État, très peu de tableaux n'entrassent au Luxembourg, pendant que le plus grand nombre serait envoyé à Compiègne et à Fontainebleau, relégué ainsi au loin, ce que le testateur avait voulu éviter.

Après pourparlers, Renoir et les héritiers consentirent à une transaction. L'Etat ferait un choix, mais en s'engageant à mettre tous les tableaux choisis au Luxembourg et en outre à comprendre indistinctement dans le choix, des œuvres de tous les peintres représentés dans la collection. C'était une manière de respecter, au moins en esprit, la volonté du testateur. Il s'était surtout proposé, en stipulant l'entrée de la collection entière au Luxembourg, d'y faire pénétrer tous les peintres ses amis sans préférence, de manière à ce qu'aucun ne demeurât au dehors. Mais ce point ne fut admis par les représentants de l'Etat

RENOIR — Danseurs, Bougival

qu'avec difficulté, car il s'agissait surtout de Cézanne qui excitait une véritable horreur, si bien qu'alors qu'on se résignait à prendre des œuvres de tous les autres, on pensait délibérément à écarter les siennes. Mais Renoir et les héritiers de Caillebotte furent inflexibles et les représentants de l'État durent céder sur ce point, c'est-à-dire accepter des tableaux de Cézanne avec ceux des autres.

Après accord, on choisit pour le Luxembourg deux Manet sur trois, huit Claude Monet sur seize, six Sisley sur neuf, sept Pissarro sur dix-huit, tous les Degas au nombre de sept, de petites dimensions, deux Cézanne sur quatre. Renoir était représenté dans la collection par huit tableaux, on en prit six. Parmi, se trouvaient de ses œuvres les meilleures, son *Bal à Montmartre* et sa *Balançoire* de l'exposition de 1877, rue Le Peletier, qui avaient apporté cette tonalité imprévue des ombres violettes en plein air. Renoir s'était employé avec dévouement à faire exécuter les dernières volontés de son ami Caillebotte. Le musée du Luxembourg s'ouvrait aux Impressionnistes, ce qui était un notable avantage, pour des artistes jusqu'alors méprisés par le public et honnis dans les sphères officielles. Et en consacrant ses efforts au bien des autres, il avait heureusement travaillé pour lui, car il prenait place au musée avec des tableaux qui le montraient sous un aspect très personnel et très caractéristique.

Renoir a surtout été un peintre de figures, mais porté comme tous les Impressionnistes à travailler en plein air, devant la nature, il s'est aussi adonné au paysage. Ses tableaux de cette sorte sont peints dans une gamme colorée et

Jeune fille, d'après BERTHE MORISSOT.
Bois de Prunaire.

lumineuse, ils offrent un aspect décoratif, en prenant le mot dans son sens élevé, la nature s'y laisse voir sous des traits ornés. En considérant l'ensemble de son œuvre, on reconnaît qu'il a surtout été le peintre de la femme. Il l'a pénétrée d'une sorte de sensualité qui n'est point venue d'une recherche réfléchie, mais n'a été que l'effet de sa perception directe. Il a tout le temps peint des nus d'un charme voluptueux. Il se dégage de son œuvre un type féminin fort original que l'on voit apparaître dès le début. C'est celui de la jeune Parisienne allant de la bourgeoise à l'ouvrière, de la midinette à la fille qui danse au bal Montmartre, une petite personne svelte, pimpante, habillée gentiment, rieuse, ingénue. A cette Parisienne de la seconde moitié du xixe siècle, Renoir a donné une grâce et un agrément, auxquels on peut trouver de la ressemblance avec le charme que les peintres du xviiie siècle ont mis à un tout autre monde et à une toute autre classe de femmes.

Renoir s'est marié et a eu trois enfants. L'aisance venue avec le succès, il a loué à Essoyes dans l'Aube, le pays de sa femme, une maison avec un grand jardin, où sa famille put passer la belle saison. Il en a lui-même assez peu joui et profité comme homme et comme artiste, car il est resté essentiellement le peintre parisien étranger à la vie rustique. Dans les dernières années, pris de rhumatismes, il est allé passer l'hiver au soleil, sur le littoral de la Méditerranée.

Le Salon d'automne de 1904 est devenu pour lui l'occasion d'un véritable triomphe. Une grande place y avait été réservée, par une heureuse innovation, à des peintres morts ou avancés dans la carrière, parmi lesquels il fut compris. Un ensemble de ses tableaux emprunté aux diverses époques de sa production, a pu être mis ainsi sous les yeux du public. Son œuvre vue d'une façon rétrospective, a frappé tout le monde par sa maîtrise, sa variété, son charme, et a suscité un universel concert de louanges. La presse, d'une voix unanime, en a particulièrement proclamé le mérite. L'heure de la justice lente à venir était enfin arrivée.

RENOIR. — Songeuse.

BERTHE MORISOT

BERTHE MORISOT, par elle-même.

Berthe-Marie-Pauline Morisot, naquit à Bourges, le 14 janvier 1841. Elle appartenait à une famille, où l'on s'était traditionnellement adonné aux arts. Son grand-père était un architecte distingué. Son père Tiburce Morisot, entraîné au début par ses penchants artistiques, avait étudié à l'Ecole des Beaux-Arts et visité l'Italie, la Sicile et la Grèce. Puis il s'était engagé dans une toute autre voie, il avait embrassé la carrière administrative, d'abord sous-préfet dans divers arrondissements, il était devenu préfet du Cher de 1840 à 1848. C'est pendant sa résidence à Bourges, en qualité de préfet, que naquit Berthe, la dernière de ses trois filles. Berthe et sa sœur la plus rapprochée d'elle par l'âge Edma, montrèrent de bonne heure d'heureuses dispositions pour le dessin. Le père, se rappelant ses propres goûts de jeunesse, se plut à les cultiver. Après avoir été au commencement de l'empire préfet du Calvados, nommé conseiller à la Cour des comptes, il vint habiter Paris avec sa famille. Il put alors développer le talent de ses filles. Il leur donna pour maître, Guichard qui, sans avoir jamais montré d'invention, était un excellent professeur.

Lorsque les demoiselles Morisot eurent suffisamment profité des leçons de leur premier maître, elles se sentirent attirées par Corot. Elles firent sa connaissance vers 1862. Il les prit en amitié. Les jeunes filles l'eurent alors pour guide. Lui, qui répugnait à l'exercice de tout professorat, les envoya à son ami Oudinot, qui avait adopté sa manière et habitait près de Pontoise. Elles peignirent donc sous la direction d'Oudinot des paysages, particulièrement à Auvers. Elles commencèrent à exposer au Salon en 1864. Leurs envois n'ont jamais dû être refusés, car elles continuent à se produire ensemble aux Salons en 1865, 1866, 1867 et 1868.

L'aînée, Edma, abandonne la peinture à partir de 1868, elle épouse un officier de marine et devient Mme Pontillon. Berthe reste donc seule. J'ai eu occasion de revoir les tableaux mis à un des Salons de ses débuts, celui de 1865, un paysage et une nature morte. Ils sont peints d'une façon très ferme, très correcte et, comme œuvres de commencement, ne laissent rien à désirer. La manière qui se révèle dans le paysage est celle de Corot. C'est évidemment sous l'influence de Corot, qu'elle a développé l'émotion personnelle et l'invention artistique, pour les superposer à la technique scolaire de son premier maître, Guichard. Son apprentissage a été ainsi excellent et très sérieux. Il faut donc voir en elle une artiste consommée. Sa qualité de fille d'une famille riche et de femme du monde ne saurait la faire prendre, pour ce que sont généralement les femmes de sa condition, dites artistes, des personnes produisant en *dilettanti* et à la légère.

Berthe Morisot. — Le Miroir.

Les demoiselles Morisot étaient allées travailler au Louvre dès qu'elles avaient eu une certaine technique. A cette époque, la pratique de peindre devant la nature n'était qu'exceptionnellement suivie, en général les peintres enseignant dans les ateliers l'ignoraient et par conséquent ne l'inculquaient point aux élèves. Ils leur recommandaient au contraire strictement la fréquentation du Louvre, pour y faire des copies et y pénétrer le secret des grands devanciers. Les débutants travaillaient donc au Louvre, en beaucoup plus grand nombre qu'aujourd'hui. Les demoiselles Morisot y allèrent elles-mêmes tout d'abord faire des copies, accompagnées de leur mère.

Vers 1861, elles avaient vu peindre à côté d'elles un jeune artiste Manet. Sans entrer avec lui en relations proprement dites, elles l'avaient connu. Il copiait lui aussi des tableaux, le *Portrait du Tintoret* par lui-même, *La vierge au lapin blanc* du Titien. Il n'était point encore en vue, il sortait de chez Couture, il débutait. Mais lorsque après le Salon des refusés de 1863, où il mettait son *Déjeuner sur l'herbe*, et le Salon de 1865, où il exposait *l'Olympia*, il fut devenu célèbre, les dames Morisot, se rappelant le jeune homme rencontré au Louvre, allèrent faire sa connaissance en règle à son atelier. Il était marié à cette époque; sa femme et lui vivaient avec Mme Manet mère, veuve d'un juge et femme du monde de manières distinguées. La connaissance faite à l'atelier entraîna à des relations des dames Morisot avec les dames Manet et, bientôt, à des rapports entre tous les membres des deux familles.

L'aînée des demoiselles Morisot, Edma, se maria sur ces entrefaites. Berthe, restée seule à peindre, vint travailler avec Manet dans son atelier. Elle passe donc à ce moment sous son influence immédiate, mais il ne faut point la

BERTHE MORIZOT
Au piano
(Eau-forte en couleurs)

BERTHE MORISOT
Au piano
(Eau-forte en couleurs)

donner comme étant devenue son élève. Lorsqu'elle se rattachait à lui, il ne lui restait rien à apprendre en fait de règles et de principes, son éducation artistique était terminée. Ce qu'elle devait lui emprunter était cette part de technique neuve, cette forme d'exécution pleine d'éclat, qu'il avait personnellement inaugurées et que ses propres dons d'artiste supérieure, lui permettaient à elle-même de s'approprier. Mlle Morisot après cela aura une production où la gamme des tons, les qualités de clarté et de lumière seront d'ordre dérivé, mais sans que, pour le fond, son originalité féminine et sa manière de sentir soient altérées.

BERTHE MORISOT. — Jeune femme au bal.
(Musée du Luxembourg.)

Des rapports d'artiste suivis se sont donc établis entre Manet et Berthe Morisot. Manet avait pris en aversion les modèles professionnels. Il cherchait systématiquement, pour les introduire dans ses tableaux, les gens de caractère tranché, qu'il pouvait découvrir dans la vie autour de lui. Mlle Morisot

lui offrait précisément un type caractérisé de femme distinguée. Il va donc l'utiliser comme modèle. Il la peint une première fois en 1868, dans son tableau, *Le Balcon*, exposé au Salon de 1869 et maintenant au Musée du Luxembourg. Elle lui donne la jeune femme assise. La ressemblance n'a pas été serrée de très près, le modèle a été rendu librement. La ressemblance devient tout à fait fidèle dans un second tableau, qu'il exécute en 1869 et expose au Salon en 1873, sous le titre *Le Repos*. Celui-là est strictement un portrait et, de tous ceux qu'il peindra encore d'elle, reste le plus important et le plus expressif. Elle est représentée de face, assise sur un divan, les deux bras jetés de chaque côté sur les coussins, les yeux profonds et mélancoliques. On a là le type d'une femme rare.

Berthe Morisot était en effet une femme qu'on ne pouvait s'empêcher de remarquer. On ne saurait dire qu'elle fut réellement belle, ses traits manquaient de régularité et son teint d'éclat, mais elle était gracieuse, d'une grande distinction et d'un parfait naturel. En la voyant svelte et toute nerveuse, on reconnaissait la sensitive, l'être impressionnable. Elle possédait l'organisation qui fait l'artiste et certes elle était artiste de race. Ce qu'elle produisait venait de source, tout pénétré de charme et de sensibilité. Il y a eu accord complet, entre elle et son œuvre.

Tant que demeurée sous l'influence de Corot elle avait peint auprès d'Oudinot, Berthe Morisot s'était presque exclusivement adonnée au paysage, ses envois aux Salons ne comprenaient guère que des tableaux de ce genre. Mais après s'être rattachée à Manet surtout peintre de figures, elle étend le champ de son art, elle ajoute à la peinture de

BERTHE MORISOT. — Portrait en plein air.

paysage celle de la figure. Elle montrait au Salon de 1870, deux tableaux à personnages ; *Portrait de Mme XXX*, et

Une jeune femme à sa fenêtre. A partir de ce moment, ses envois aux expositions auxquelles elle participera, seront composés d'œuvres prises aux deux genres. Elle met des pastels aux Salons de 1872 et 1873. Puis cesse absolument d'exposer aux Salons, pour se joindre aux artistes qu'on va appeler les Impressionnistes. Elle apparaît à la première exposition en 1874, sur le boulevard des Capucines, avec des paysages et des figures, des tableaux à l'huile et des pastels. Elle sera ensuite avec Pissarro la plus fidèle à participer aux expositions de l'Impressionnisme. Sauf en 1879, elle prendra part à toutes, jusqu'à la dernière en 1886.

Elle envoyait à l'exposition de 1880, rue des Pyramides, le tableau, *Jeune femme au bal*, maintenant au Musée du Luxembourg. On peut le donner comme un des meilleurs exemples de sa production, alors qu'elle avait pleinement profité de la manière de Manet. Sa technique première faite de précision s'est combinée avec la faculté de peindre en fondant les contours, pour tenir les formes dans l'air. L'ensemble est d'un grand charme. On se sent là en présence d'une œuvre féminine par sa délicatesse, mais qui ne tombe point dans cette mièvrerie et cette sécheresse, que laissent généralement voir les ouvrages des femmes. Je citerai ce que je disais de ses procédés d'exécution, dans une brochure sur les Impressionnistes, publiée en 1878, et qui correspond encore si bien au jugement que je puis porter, que je ne saurais m'exprimer autrement : « Les couleurs sur les toiles de Mme Morisot prennent une délicatesse, une morbidesse, un velouté singuliers. Le blanc se pénètre de reflets qui le conduisent à la nuance rose thé ou au gris cendré, le carmin passe insensiblement au ton pêche, le vert du feuillage prend tous les accents et toutes les pâleurs. L'artiste termine ses toiles en donnant, de-ci de-là, de légers coups de pinceau, c'est comme si elle effeuillait des fleurs. »

Elle peindra ainsi, dans les tons clairs et nuancés, des portraits, des tableaux de genre, montrant des jeunes

(Berthe Morisot. — La Jetée.

femmes en déshabillé ou à leur toilette, des paysages, assez souvent avec personnages, où l'influence autrefois subie de Corot restera visible. Puis vers 1885-1886, elle modifie sa palette. Ses œuvres laissent voir de ces effets imprévus de coloration, auxquels elle n'avait pas encore pensé. Elle participe à cette marche en avant, qui porte les Impressionnistes à accentuer de plus en plus leur coloris. Elle se développe simultanément avec les autres, pour une part sur son propre fonds, pour une part en recevant de Claude

Monet et de Renoir, selon cette pratique, que nous avons déjà en diverses occasions reconnue aux Impressionnistes, de se communiquer les uns aux autres leur apport. Son œuvre offre donc de la variété. Le fond en est formé par les tableaux à l'huile, qui comprennent les figures exécutées presque toutes à Paris, les paysages peints surtout à Pontoise, à Compiègne, à Fontainebleau, à Bougival, les marines peintes sur la côte normande, à Nice, à Jersey, en Angleterre. Elle a en addition produit des pastels, des dessins à la sanguine et aux crayons de couleur. Elle a particulièrement excellé dans l'aquarelle, ses aquarelles sont délicieuses de légèreté et de transparence.

Berthe Morisot épousa en 1874 Eugène Manet, le frère cadet du peintre. Elle continua après son mariage à signer ses œuvres de son nom de jeune fille, et nous continuerons à le lui donner. Son mari et elle, riches chacun de leur côté, se trouvèrent en ménage dans une brillante situation de fortune. Ils habitèrent, rue Villejust, une maison qu'ils avaient fait construire. L'appartement qu'ils y occupaient renfermait une grande pièce, disposée pour recevoir des tableaux. Les œuvres de Manet tenaient là la première place, puis venaient celles de la maîtresse de la maison. Le cercle de leurs visiteurs était restreint mais choisi, il comprenait en première ligne les peintres amis Degas, Renoir, Pissarro, Monet, quand il venait à Paris, et le poète Stéphane Mallarmé. Ce dernier avait pour Berthe Morisot un vrai culte. Il admirait le talent de l'artiste et ressentait la séduction de la femme. Il sut lui donner une grande satisfaction, en faisant entrer une de ses œuvres au Musée du Luxembourg.

Berthe Morisot voyait constamment sa position de femme du monde voiler sa qualité d'artiste. Les critiques qui parlaient des expositions des Impressionnistes, la laissaient

BERTHE MORISOT. — La Chasse aux papillons.

généralement dans l'ombre ou ne la considéraient que comme une sorte de dilettante. C'était une injustice. Par ses études premières, sa poursuite assidue de l'art, auquel elle donnait toute son âme, elle se savait l'égale de n'importe quel autre et souffrait secrètement d'être traitée en amateur.

La collection Caillebotte avait fait entrer au Luxembourg un ensemble d'œuvres des Impressionnistes, où cependant les siennes manquaient. Mallarmé allait lui ouvrir à son tour la porte du musée avec sa *Femme au bal*.

Ce tableau avait figuré à l'exposition des Impressionnistes de l'année 1880, rue des Pyramides. De Nittis l'y avait acheté. Je l'avais après cela acquis moi-même à sa mort. Je le tenais chez moi à la meilleure place et, quand Mallarmé venait me voir, nous nous extasiions ensemble sur son charme. Lorsque les circonstances m'amenèrent en 1894 à une vente de mes tableaux, Mallarmé pensa que l'occasion était excellente,

BERTHE MORISOT. — Le lever.

pour faire pénétrer une œuvre de Berthe Morisot au Musée du Luxembourg et que *La Femme au bal* était un excellent exemple à choisir. Il était personnellement très lié avec le directeur des Beaux-Arts, M. Roujon qui, avant d'entrer dans l'administration, avait fait partie des hommes de lettres soumis à son influence. Il lui écrivit donc, pour lui

Cézanne. — Dessin inédit.

recommander l'achat de la *Femme au bal*, dans des termes pressants. Mais l'entrée encore récente de la collection Caillebotte au Musée du Luxembourg, avait soulevé une telle colère dans certains quartiers très influents, que l'addition d'une nouvelle œuvre impressionniste paraissait scabreuse.

M. Roujon désireux de se mettre en règle, en s'assurant les lumières des hommes de compétence officielle, vint chez moi voir le tableau avec M. Bénédite, le conservateur du Luxembourg, et M. Benoit, conservateur au Louvre. Le tableau parlait pour lui-même, et les trois visiteurs en décidèrent l'achat. M. Roujon se montra d'ailleurs plein de sollicitude. Puisqu'il s'agissait de l'œuvre d'une femme distinguée, dont on voulait honorer le talent, il déclara qu'en crainte qu'elle restât sans être poussée aux enchères, ce qui serait une sorte de défaveur jetée sur l'œuvre et sur l'artiste, il convenait de fixer d'avance le prix où l'on entendait la faire monter. Il le fixa à 4.500 francs, ce qui à cette époque était une somme plus que convenable. Le tableau fut en effet acquis à la vente publique pour ce prix et aussitôt placé au Musée du Luxembourg. Berthe Morisot éprouva une vraie satisfaction de cet achat, qui en soi n'avait rien d'extraordinaire, mais qui prenait à ses yeux de l'importance, du fait qu'une reconnaissance publique de son mérite s'était produite et que l'entrée au Luxembourg la sortait du rang d'artiste amateur, où l'on avait comme cherché à la tenir.

Berthe Morisot perdit son mari en 1892 et resta veuve avec une fille. Elle-même, de nature frêle et délicate, mourut le 2 mars 1895.

Berthe Morisot. — La petite Souris.

CÉZANNE

Paul Cézanne est né à Aix en Provence, le 19 janvier 1839. Il était fils d'un riche banquier qui habitait hors de la ville une maison dans un grand parc. Il entra au collège d'Aix en 1853. Il s'y trouva avec Émile Zola, dont le père, ingénieur, construisait un canal à Aix, et il se lia avec lui d'une étroite amitié. Il sort à dix-neuf ans du collège, bachelier. Il suit en 1860-1861, les cours de l'École de droit, y prend plusieurs inscriptions et passe même le premier examen avec succès. L'étude du droit le dégoûte, il la délaisse.

Le démon de l'art l'avait saisi, sa vocation se développait.

Il avait ressenti de très bonne heure une véritable passion pour le dessin. En abandonnant l'étude du droit, il exprima son intention de s'adonner à la peinture. Il vient une première fois à Paris, en 1862, amené par son père. Il fréquente l'Académie Suisse, mais il échoue dans le concours pour l'admission à l'Ecole des Beaux-Arts. Revenu à Aix, à la suite de cet échec, il entre dans le bureau de la banque paternelle. Ce genre de vie lui devient tout de suite naturellement insupportable et l'appel de la vocation se faisant de plus en plus sentir, il obtient de repartir pour Paris, où il se livrera tout entier à la peinture. Il y arrive en 1863 et y retrouve Émile Zola. Ils reprennent leurs vieilles relations, ils mènent ensemble une sorte de vie commune. Son père lui alloue une pension de cent cinquante francs par mois, bientôt portée à trois cents, qui lui sera toujours régulièrement payée.

Il se met au travail. Il fréquente l'Académie Suisse, sur le quai des Orfèvres. C'est là qu'il rencontre d'abord Pissarro et Guillaumin. S'il ne s'est point astreint à suivre la direction d'un de ces maîtres parisiens en renom, il s'est appliqué assidûment à se rendre maître du métier, selon ses idées. Après la période du premier apprentissage, il prend un atelier rue Beautreillis, et s'essaie à produire des œuvres personnelles, cependant il lui faudra du temps pour développer sa pleine originalité.

Il subit d'abord les grandes influences qui s'exerçaient sur les jeunes gens d'esprit en éveil, celles de Delacroix et de Courbet. Le romantisme et la palette de Delacroix l'ont séduit les premiers. On a de lui, au début, quelques compositions du plus pur romantisme, surtout une œuvre importante, qui a fait partie de la vente Zola, en mars 1903, sous le titre de l'*Enlèvement*. Cependant l'action de Dela-

CÉZANNE. — L'enlèvement.

croix n'est que transitoire, celle de Courbet qui devait être plus profonde et plus durable lui succède. Il fait personnellement la connaissance de Courbet et a quelques rapports avec lui. Le réalisme de Courbet correspondait au fond à sa manière d'être, aussi les œuvres qu'il produit sous cette influence, sont-elles relativement nombreuses.

En 1866, Zola chargé par M. de Villemessant de rendre compte du Salon, dans l'*Événement*, s'était livré à un éloge enthousiaste de Manet, qui causait un énorme scandale. Il avait dû en conséquence quitter l'*Événement* et interrompre son Salon. Devenu après cela comme le champion de Manet, il nouait avec lui des relations amicales suivies. Cézanne, dans l'état d'étroite intimité où il se tenait avec Zola, se trouva du coup entraîné vers Manet et son art. A partir de ce moment, il ne retient plus la gamme de coloration de Courbet, il passe à celle de Manet. Il est en marche pour développer le système de coloris qui l'établira dans sa pleine originalité.

CÉZANNE, par lui-même.

Il faut bien expliquer que les influences successives subies par Cézanne, ne marquent pas des manières différentes absolument tranchées. Avec lui, il s'agit d'un homme très ferme, qui s'est tout de suite engagé dans une voie certaine. En effet, le choix de ses sujets, les limites dans lesquelles il entend se tenir ont été promptement fixés. Sauf au premier moment où, sous l'influence de Delacroix, il peint quelques compositions romantiques, il n'a jamais été attiré que par le spectacle du monde visible. Il n'a point recherché les sujets descriptifs, il a ignoré les emprunts littéraires. L'expression de sentiments abstraits, d'états d'âmes, lui est toujours restée inconnue. Il s'est d'abord consacré à peindre ce qui peut être vu par les yeux, les natures mortes, les paysages, les têtes ou portraits et, comme une sorte de couronnement, des compositions, mais d'ordre simple, où les personnages sont mis côte à côte, sans se livrer à des actions singulières, surtout pour être peints.

Le terrain sur lequel il entend se tenir, étant tout de suite délimité, quand on parle des influences subies, il s'agit en réalité de questions de technique, de la gamme des tons, des valeurs de palette, qu'il doit d'abord aux devanciers. C'est donc surtout son coloris qui a passé par des phases diverses, avant d'être pleinement fixé. C'est l'aspect extérieur qui change et se modifie, jusqu'au jour où il prend son caractère définitif, par l'adoption de la peinture en plein air. Le fait se produit en 1873. A ce moment, Cézanne va résider à Auvers-sur-Oise. Il y rencontre Pissarro et Vignon, qui peignaient depuis longtemps en plein air. Il se met à peindre, à leur exemple, en tenant les yeux sur les colorations vives, que l'éclat de la lumière donne à la campagne. Il n'était guère jusqu'alors sorti de l'atelier, même ses paysages, comme la *Neige fondante* de la vente Doria, avaient été exécutés à l'intérieur, loin de la scène naturelle représentée. Quand Cézanne commençait systématiquement à peindre en plein air, à Auvers, il avait trente-trois ans, il travaillait depuis longtemps, il était en possession sûre de ses moyens. Aussi en contact direct avec la nature et les colorations vives du plein air, s'épanouit-il dans toute son originalité. Il développe une gamme de couleurs absolument personnelle et imprévue, d'une très grande puissance.

Quoi qu'il en soit, il faut bien se garder de faire de lui un homme pénétré d'idées révolutionnaires et de sentiments hostiles à l'égard des anciennes écoles. Il admirait autant que personne les vieux maîtres, qu'il connaissait très bien pour avoir fréquenté le Louvre. Son originalité lui traçait une voie propre, qu'il entendait suivre sans dévier et faire de concessions, mais après cela, il n'eut pas mieux demandé que de plaire au public et que de participer aux expositions officielles, en jouissant des avantages de toute sorte qu'on peut en obtenir. Il avait cherché obstinément à se faire recevoir aux Salons pendant des années. Avant et après la guerre, il y avait présenté des tableaux invariablement refusés. C'est cette impossibilité de pénétrer aux Salons qui l'amenait en grande partie à s'unir aux artistes, qu'on allait appeler les Impressionnistes. Il avait, dès son arrivée à Paris, fait la connaissance de Pissarro et de Guillaumin, puis, quelques années plus tard, celle de Renoir et de Claude Monet. Il se joignait donc à eux, pour prendre part à la première exposition qu'ils organisaient avec un groupe d'artistes, chez Nadar, en 1874, sur le boulevard des Capucines.

Il y mettait, comme principale contribution, *La Maison du pendu*, peinte à Auvers, en 1873. Le nom venait du fait que le maître de la maison s'y était suicidé. Cette toile laisse certes voir les dons caractéristiques de son auteur, ce qui n'empêche pas qu'on y découvre, comme dans plusieurs autres de cette époque, un reflet de Pissarro, auprès duquel

CÉZANNE. — Nature morte.

il s'était d'abord mis à travailler en plein air. Mais, de l'exposition de 1874 à celle de 1877, Cézanne s'est débarrassé de toute réminiscence. Il expose alors seize tableaux et aquarelles, des natures mortes, des fleurs, des paysages et une tête d'homme, le portrait de M. Choquet. Ces œuvres le montrent enfin parvenu à la plénitude de son originalité. A l'exposition de 1877, rue Le Peletier, les Impressionnistes se produisant dans toute leur hardiesse, soulevaient une horreur générale et faisaient au public l'effet de monstres et de barbares. Mais celui d'eux tous qui causait l'horreur la plus profonde, qui plus spécialement que tous les autres faisait l'effet d'un vrai barbare, d'un vrai monstre, était Cézanne. En 1877, les souvenirs de la Commune demeuraient vivants et si les Impressionnistes furent alors assez généralement traités de *Communards*, ils le durent surtout à sa présence au milieu d'eux.

Il est probable qu'on ne verra jamais se déchaîner contre quelques peintres que ce soient, l'hostilité que les Impressionnistes ont eue à subir. Pareil phénomène ne saurait se répéter. Le cas des Impressionnistes, où la flétrissure première a fait place à l'admiration, a mis l'opinion en garde. Il servira sûrement d'avertissement, et devra empêcher qu'un soulèvement, tel que celui que nous avons connu, ne se produise jamais plus contre les novateurs et les originaux qui pourront encore survenir. S'il doit en être ainsi, Cézanne aura fourni un exemple appelé à demeurer unique. Si les Impressionnistes sont destinés à rester les peintres qui auront été de tous les plus maltraités à leur apparition, Cézanne qui, au milieu d'eux, a été sans comparaison le plus honni, aura eu ainsi l'honneur d'être de tous les artistes originaux, jamais apparus dans le monde, celui qui aura le plus fait rugir les Philistins. En lui l'originalité et la physionomie à part se seront manifestées de manière à trancher, plus qu'elles ne l'avaient encore fait auparavant, sur les formules courantes de l'art facile, admis de tous. — Il faut voir d'où venait ce fait.

Cézanne devait d'abord sa physionomie à part, à la cir-

Cézanne. — Arbres en Provence.

constance qu'il n'était entré dans l'atelier d'aucun peintre en renom pour y apprendre à produire selon la formule courante. Sa manière offrait par cela même un aspect insolite et des traits déconcertants. Les ateliers parisiens sont arrivés à former en nombre illimité des peintres, qui travaillent d'après des règles si sûres, qu'on peut dire de leurs œuvres qu'elles sont impeccables. Des centaines se montrent tous les ans aux Salons, dessinant des contours et peignant des surfaces sans défauts. On n'a rien à reprocher à leurs envois, on n'y découvre aucun manquement. Seulement tous ces gens-là se ressemblent, ont même facture, même technique. Leurs œuvres finissent par exciter le dégoût de ceux qui recherchent en art l'originalité et l'invention, mais avec leur correction routinière, elles donnent une régularité générale du dessin, un aspect convenable des formes, qui ont si bien pris les yeux, que tout ce qui en diffère paraît au public fautif, mal dessiné, mal peint. Or Cézanne, par sa manière à part très tranchée, venait heurter violemment le goût banal, habituel du public. Il était avant tout peintre et ne dessinait pas, en arrêtant des lignes et des contours à la manière des autres. Il appliquait, par un procédé personnel, des touches sur la toile, les unes à côté des autres d'abord, puis les unes par-dessus les autres après. On peut aller jusqu'à dire que, dans certains cas, il maçonnait son tableau, et de la juxtaposition et de la superposition des touches colorées, les plans, les contours, le modelé, se dégageaient pour ceux qui savaient voir, mais pour les autres, restaient noyés dans un mélange uniforme de couleur. Cézanne avant tout *peintre*, dans le sens propre du mot, recherchait avant tout la qualité de la substance peinte et la puissance du coloris. Mais alors, pour ceux qui ne comprennent le dessin que par des lignes précises et arrêtées, il ne dessinait pas ; pour ceux qui demandent à un tableau d'offrir des motifs historiques ou anecdotiques, les siens, ne présentant rien de pareil, étaient comme non existants; pour ceux qui veulent des surfaces recouvertes également, son faire, par endroits rugueux et ailleurs allant jusqu'à laisser des parties de la toile non couvertes, paraissait être celui d'un impuissant; sa touche par juxtaposition de

Cézanne. — Le pont.

tons colorés égaux ou se superposant, pour arriver à de fortes épaisseurs, semblait grossière, barbare, monstrueuse.

Il existait cependant une particularité d'ordre tout à fait supérieur dans ses œuvres, mais aussi précisément de cette sorte que le public en général, les littérateurs et même le commun des peintres ne peuvent d'abord ni comprendre, ni apprécier, puisque d'abord ils ne peuvent même pas la saisir, c'est la valeur en soi de la matière mise sur la toile, la puissance harmonieuse du coloris. Or les tableaux de Cézanne offrent une gamme de coloris d'une intensité très grande, d'une clarté extrême. Il s'en dégage une force indépendante du sujet, si bien qu'une nature morte — quelques pommes et une serviette sur une table — prendront de la grandeur, au même degré que pourra le faire une tête humaine ou un paysage avec la mer. Mais la qualité de la peinture en soi, où réside surtout la supériorité de Cézanne, n'étant point accessible aux spectateurs, tandis que ce qu'ils tenaient pour monstrueux, leur crevait les yeux, les rires, les sarcasmes, les injures, les haussements d'épaules, étaient les seuls témoignages que ses œuvres leur parussent mériter, et qu'aussi bien ils leur prodiguaient.

Cézanne. — Le Verger.

CÉZANNE
Les terres rouges. Provence

CÉZANNE

Les tartes rougeâtres provoquées

Cézanne, aux expositions de 1874 et de 1877, se voyait donc si absolument conspué, il se sentait si irrémédiablement méconnu, qu'il renonçait pour longtemps à se montrer au public. Il ne devait en effet prendre part à aucune des autres expositions organisées par les Impressionnistes. Mais, replié sur lui-même, il continuera à peindre de la façon la plus assidue, la plus tenace. Il se livrera sans arrêt à l'exercice de l'art. Son cas est ainsi remarquable dans l'histoire de la peinture. Voilà un homme qui, en montrant ses œuvres, a été tellement maltraité, qu'il s'abstient de les remettre de nouveau sous les yeux du public. Rien ne peut lui laisser entrevoir que l'opinion changera à son égard dans un avenir prochain ou même jamais. Ce n'est donc pas pour ce qui miroite au regard de tant d'autres, le renom, les honneurs à

CÉZANNE. — Mardi gras.

acquérir qu'il travaille, puisque ces avantages lui paraissent définitivement refusés. Ce n'est pas non plus en vue d'un profit, puisque après l'horreur causée par ses œuvres, il n'a aucune chance d'en vendre, où s'il en vend quelques-unes exceptionnellement, il n'en obtient qu'une somme infime. D'ailleurs il n'a pas besoin de produire pour vivre comme tant d'autres qui, une fois engagés dans la carrière ont à lutter contre la misère. Il jouit lui d'une pension de son père qui l'alimente, en attendant le jour où l'héritage paternel le fera riche. Il ne continuera donc à peindre par aucun de ces motifs, qui décident généralement de la conduite des autres. Il continuera à peindre par vocation pure, par besoin de se satisfaire lui-même. Il peint parce qu'il est fait pour peindre. On a ainsi avec lui l'exemple d'un homme que son organisation mène à faire forcément une certaine besogne. Évidemment les yeux qu'il promenait sur les choses lui procuraient des sensations tellement particulières, qu'il éprouvait le besoin de les fixer par la peinture et qu'en le faisant, il ressentait le plaisir d'un besoin impérieux satisfait.

CÉZANNE. — Portrait de M. Choquet.

Puisqu'il peint maintenant uniquement pour lui-même,

il peindra de la manière, qui lui permettra le mieux d'obtenir
la réussite difficile qu'il conçoit. Il n'y aura donc dans sa facture aucune trace de ce que l'on peut appeler le virtuosisme,
il ne se permettra jamais ce travail facile du pinceau, donnant

CÉZANNE. — La montagne de Sainte-Victoire.

des à peu près. Il peint de la manière la plus serrée. Il tient
au travail les yeux obstinément dirigés sur le modèle ou le
motif, de manière à ce que chaque touche soit bien mise,
pour contribuer à fixer sur la toile ce qu'il a devant les yeux.
Il pousse si loin la probité à rendre sincèrement l'objet de sa

vision, il a une telle horreur du travail fait de *chic*, que lorsque dans son exécution, il se trouve par endroits des points de la toile non couverts, il les laisse tels quels, sans penser à les recouvrir, par un travail postérieur, de reprises des parties d'abord négligées, auquel se livrent tous les autres.

Son système le contraint à un labeur en quelque sorte acharné. Ses toiles en apparence les plus simples demandent un nombre considérable, souvent énorme de séances. Ses procédés ne lui permettent non plus d'obtenir cette réussite moyenne certaine, à laquelle les autres arrivent. Il abandonnera en route nombre de ses toiles, qui resteront à l'état d'esquisses ou d'ébauches, soit que l'effet recherché n'ait pu être obtenu, soit que les circonstances aient empêché de les mener à terme. Mais alors les œuvres parvenues à la réussite complète laisseront voir cette sorte de puissance, que donne l'accumulation d'un travail serré cependant resté large, procurant l'expression forte et directe.

*
* *

Cézanne prit philosophiquement son parti du mépris dont il était l'objet. L'idée ne lui vint pas un seul instant de modifier en quoi que ce soit sa manière, pour se rapprocher du goût commun. Une fois retiré du contact public par la renonciation de participer aux expositions, il peint sans s'inquiéter de ce qui peut se passer autour de lui. Quand nous disons qu'il a renoncé à participer aux expositions, cela s'applique en effet rigoureusement aux expositions des Impressionnistes auxquelles il manque après 1877, mais il existe cependant une exception. Repris en 1882 de son désir de pénétrer aux Salons, il envoya un portrait d'homme au

Cézanne. — Paysage, près de Gisors.

Salon de cette année. Guillemet, un de ses amis des temps d'apprentissage à Paris, alors membre du jury, le fit recevoir. Le Salon de 1882 a été ainsi le seul qui, par aventure, ait vu une œuvre de Cézanne.

Vingt ans vont s'écouler, pendant lesquels il restera méprisé ou inconnu du public, des écrivains, des collectionneurs, des marchands, de tous les hommes, qui donnent aux artistes le renom et leur permettent de tirer profit de leur travail. Il ne sera alors apprécié que du petit groupe des peintres ses amis, Pissarro, Monet, Renoir, Guillaumin, qui l'ont tout de suite considéré comme un maître, auxquels se joignent quelques rares amateurs, qui eux aussi l'ont compris et veulent avoir de ses œuvres. Le comte Doria fut un des premiers collectionneurs à le goûter. Il possédait une importante réunion de tableaux de Corot et des maîtres de 1830. Il y ajoutait, après 1870, des œuvres des Impressionnistes et en particulier *la Maison du pendu*, de Cézanne. Puis il échangea ce tableau avec M. Choquet pour *la Neige fondante*, qui a figuré à sa vente après décès en mai 1899.

Avec M. Choquet nous venons de nommer l'homme, qui ressentit tout d'abord pour Cézanne une profonde admiration. Il s'était dans sa jeunesse épris de Delacroix, à l'époque où il était encore généralement dédaigné et avait pu ainsi, avec de modestes ressources, acquérir un ensemble de ses œuvres. Après être allé d'abord d'instinct à Delacroix, il était ensuite allé d'instinct aux Impressionnistes. Il admirait particulièrement Cézanne. C'était un homme d'une grande politesse, qui émettait ses opinions avec chaleur, mais toujours dans les formes les plus déférentes. Il réussissait de la sorte à se faire écouter de beaucoup de gens qui, à cette époque, n'eussent toléré d'aucun autre un éloge des Impressionnistes en général et de Cézanne en particulier. On le rencontrait en tout lieu où les Impressionnistes trouvaient occasion de montrer leurs œuvres en public, aux expositions ou aux ventes.

Guillaumin. — Dessin inédit.

Il devenait une sorte d'apôtre. Il prenait les uns après les autres les visiteurs de sa connaissance et s'insinuait auprès de beaucoup d'autres, pour chercher à les pénétrer de sa conviction et leur faire partager son admiration et son plaisir.

M. Choquet, en 1873, s'était lié d'amitié avec Cézanne, qui passa dès lors une partie de son temps à peindre chez lui et pour lui, en ville et à la campagne. Il peignit particulièrement trois ou quatre portraits de M. Choquet, très tranvaillés et qui forment partie importante de sa production, l'un une tête exposée rue Le Peletier, en 1877, un autre, une figure à mi-corps, assise, avec un costume blanc se détachant sur un fond de plantes vertes, peint en plein air, à la campagne, en Normandie, en 1885. En juillet 1899, à la vente après décès de Mme Choquet, qui avait hérité de la collection de son mari, trente et une toiles de Cézanne passèrent aux enchères. Dans le nombre se trouvait le *Mardi gras*, un grand pierrot et un arlequin formant un de ces sujets, où les personnages sont surtout mis pour être peints, sans se livrer à des actions bien déterminées.

En 1870 et années suivantes, existait dans une petite boutique de la rue de Navarin, un marchand de toiles et de couleurs qu'on appelait le père Tanguy. Les Impressionnistes qui lui prenaient des fournitures, lui donnaient en échange des tableaux à vendre. Quoi qu'il les offrit à des prix infimes, il ne parvenait à en placer que très peu et sa boutique en restait encombrée. Après le siège de Paris, sous la Commune, il avait continué comme tant d'autres à faire partie de la garde nationale et, pendant la bataille entre les Fédérés et l'armée de Versailles, avait été pris et envoyé à Satory. Il passa en conseil de guerre. Heureusement pour lui que les officiers enquêteurs n'eurent point l'idée de rechercher les tableaux qu'il tenait en vente, pour les montrer à ses juges, car dans ce cas il eut été sûrement condamné et fusillé. Acquitté, il put reprendre son commerce. C'était un homme du peuple qui ne parlait jamais de M. Cézanne, de M. Pissarro qu'avec le plus grand respect. Il désignait l'ensemble des Impressionnistes par un mot pompeux « l'École », qui, dans sa bouche, avait quelque chose de drôle. En 1879, Cézanne avait quitté un appartement qu'il occupait près de la gare Montparnasse, se rendant à Aix. Il laissait ses tableaux à la disposition du père Tanguy, avec qui j'allai les voir, pour en acheter. Je les trouvai rangés par piles contre la muraille, selon les dimensions, les plus petits à 40 francs, les plus grands à 100 francs. J'en choisis plusieurs dans les piles.

Cézanne s'était marié en 1867. Il eut un fils en 1872. Son temps a été partagé entre Paris, les environs et sa ville natale d'Aix, où il n'a jamais cessé de séjourner par intervalles, car il a toujours conservé les meilleures relations avec sa famille. Pendant ces années il vécut d'une manière resserrée avec la pension reçue de son père. Il ne vendait alors point de tableaux ou à des prix tels que le produit n'ajoutait presque rien à son petit budget. Après la mort de son père en 1886 et de sa mère en 1897, il entra en possession de l'héritage paternel, partagé avec ses deux sœurs et passa à l'état de riche bourgeois de la ville d'Aix. Il y fixa alors sa résidence. Il eut une maison en ville et se fit construire un atelier, au dehors, à quelque distance. Devenu riche, il ne changea rien à sa manière de vivre. Il continua,

Cézanne. — Nature morte.

comme par le passé, à peindre assidûment, ne prenant toujours d'intérêt qu'à son art.

Les années semblaient se succéder le laissant isolé, mais le temps qui travaille pour ce qui a de la valeur en soi, travaillait silencieusement pour lui. A la première génération, qui n'avait connu les Impressionnistes que pour les honnir et les railler, en succédait une nouvelle, qui savait les comprendre et les apprécier. Cézanne, de tous le plus méprisé, restait en arrière des autres dans la faveur publique. Il se voyait toujours ignoré et incompris du public en général, mais il lui venait par contre un noyau d'admirateurs appelé à se grossir, composé d'artistes, de connaisseurs, de collectionneurs[1]. Ceux-là formaient comme une secte, pénétrée d'une sorte de fanatisme, où il était mis au tout premier rang. Dès lors il était possible de trouver des acheteurs à ses œuvres et aussi bien il se rencontrait un homme, Vollard, qui allait se charger de leur vente et qui devait y trouver le succès.

Vollard était venu de l'île de la Réunion, son pays natal, faire ses humanités et ses études de droit à Paris. Avec du goût, du flair il avait deviné l'avenir des Impressionnistes. Il s'était, à la recherche d'une profession, établi marchand de tableaux. Il avait débuté dans de petites boutiques à l'écart, ne tenant d'abord que des œuvres dédaignées, qu'il vendait à bas prix. Mais le tournant en faveur des Impressionnistes se produisait à ce moment. Il avait donc vu sa clientèle s'accroître et à même aussi d'augmenter le prix de ses tableaux, il s'était amassé un capital. Il consacra alors ses ressources à l'achat des tableaux de Cézanne. Il en acquit successivement, entré en affaires vers 1890 avec le fils Cézanne, environ deux cents, pour une somme de 80 à 90.000 francs. A fin de compléter son entreprise, il loua un magasin

---

[1] Parmi les collectionneurs qui ont rassemblé des œuvres de Cézanne, on peut citer MM. Pellerin, Fabbri, Fayet, Denis Cochin, Bernheim, Hessel, à Paris; H. O. Havemeyer, à New-York.

rue Laffitte, près du boulevard, où il exposa et tint en vue les tableaux en sa possession. Ce fut pour Cézanne un événement, que cette péripétie qui l'amenait à vendre ses œuvres, maintenant présentées en permanence aux connaisseurs et au public.

Cézanne. — Vue de Septeuiles /m

Vollard devenu le détenteur de l'œuvre de Cézanne, vit son magasin de la rue Laffitte, servir de lieu de réunion à ces artistes de la nouvelle génération admirateurs et partisans du maître. Un groupement d'élite se forma ainsi et les sentiments qu'on y nourrissait se manifestèrent dans une œuvre de Maurice Denis, exposée au Salon du Champ de Mars en 1901, sous le titre d'*Hommage à Cézanne*. On y trouve représenté un tableau de Cézanne sur un chevalet et assemblés autour en déférence, les peintres Bonnard, Denis, Redon, Roussel, Serusier, Vuillard et, avec eux, Mellerio et Vollard.

Le temps avait donc travaillé en faveur de Cézanne, à l'entrée du xxe siècle il vendait sa peinture. Il lui venait aussi la satisfaction d'avoir une de ses œuvres à l'exposition uniververselle de 1889 et plusieurs à celle de 1900. Mais d'ailleurs il restait toujours ignoré de la foule et, dans les hautes sphères officielles, il continuait à être réprouvé. Il était dit qu'il ne pourrait jamais causer que de l'effroi aux hommes se donnant la mission de défendre les règles et de maintenir les sages traditions.

M. de Tschudi, le directeur de la National-Galerie à Berlin, s'est fait, en Allemagne, avec M. Max Liebermann, le comte Kessler et M. Meier Graefe, l'introducteur de la peinture moderne française, représentée par Manet et les Impressionnistes. C'est un homme courageux qui, dans la défense de la forme d'art venue de France qu'il croyait devoir préconiser, n'a pas craint d'affronter des attaques violentes. Vers 1899, il fit entrer à la National-Galerie, à Berlin, à l'aide de fonds qu'il obtint de personnes riches influencées par lui, *Dans la Serre*, de Manet, *La Conversation*, de Degas, des tableaux de Pissarro, Claude Monet, Sisley et enfin un très puissant et caractéristique paysage de Cézanne. Cette apparition de l'école moderne française, sous sa forme la plus osée, dans un musée national, à Berlin, suscita d'ardentes polémiques. L'empereur Guillaume II voulut se rendre compte personnellement de quoi il s'agissait. Il annonça sa visite à la galerie, où il déciderait du sort des tableaux. Ses préférences connues pour l'art correct de la tradition, laissaient prévoir qu'ils auraient peine à trouver grâce devant lui. M. de Tschudi attendit la visite de l'empereur, prêt à en subir les conséquences, mais, au dernier

Hommage à Cézanne par Maurice Denis
(Salon du Champ-de-Mars 1901.)

moment, il faiblit au sujet du tableau de Cézanne, il l'écarta par exception. Il lui parut — il n'avait probablement pas tort — que si avec les autres il conservait une légère chance de gagner l'empereur, la vue du Cézanne la lui ferait sûrement perdre. L'empereur venu en présence des tableaux de Manet et des Impressionnistes, ne les jugea pas plus favorablement, que n'avaient fait autrefois « les bourgeois » parisiens. Il les fit donc enlever de la place choisie où ils se trouvaient au premier étage, pour les tenir en un lieu moins apparent, au second. L'empereur parti, M. de Tschudi remit le tableau de Cézanne avec les autres.

Comme je racontais cette histoire de Berlin dans une réunion à Paris, un homme des plus éclairés, connaisseur émérite de l'art du xvIII^e siècle, dit tranquillement qu'il comprenait très bien l'acte de M. de Tschudi, car cette *peinture d'anarchiste*, ne pouvait causer que de l'horreur à un empereur. Je trouvai très caractéristique ce jugement persistant sur Cézanne, tenu toujours pour un insurgé et qualifié maintenant *d'anarchiste*, épithète équivalente à celle de *Communard* qu'on lui avait appliquée à son apparition en 1874 et 1877.

En l'année 1902 Cézanne, qui avait supporté avec une grande philosophie le long mépris, se voyant enfin relativement apprécié, laissa entendre que, sans penser à faire lui-même aucune demande ou démarche, il accepterait volontiers la décoration qu'on pourrait lui décerner, comme reconnaissance officielle de son mérite. M. Octave Mirbeau se chargea après cela de faire appel en sa faveur à M. Roujon, le directeur des Beaux-Arts. Voilà donc Mirbeau qui accueilli par Roujon, lui dit qu'il vient lui demander la légion d'honneur pour un peintre de ses amis, et Roujon qui assure Mirbeau de toute sa bienveillance et du plaisir qu'il aurait à lui donner satisfaction. Mirbeau désigne alors Cézanne. A ce nom, Roujon sentit son sang se glacer. Décorer Cézanne! mais c'est lui demander de fouler aux pieds tous les principes et toutes les règles remis à sa garde. Il répond donc par un refus péremptoire. D'ailleurs il serait prêt à décorer tout autre Impressionniste, Claude Monet en particulier, mais qui précisément ne consentait pas à l'être. Mirbeau se retira dédaigneux et Cézanne dut comprendre, que le fait d'être apprécié par une minorité d'artistes et de connaisseurs, n'empêchait pas qu'il ne fut toujours tenu pour un monstre, dans les sphères de l'art officiel et de la correction administrative.

On peut donc conclure en disant que si Cézanne, par les particularités de son travail et de sa vie, offre des faits singuliers à relever, le plus singulier aura été l'étonnant contraste existant entre l'opinion formée de son caractère et sa véritable manière d'être. Cet homme dont l'art a paru être celui d'un Communard, d'un anarchiste, dont on aura soustrait les œuvres à la vue des empereurs, qui aura causé la terreur des directeurs des Beaux-Arts, est un bourgeois riche, conservateur, catholique, qui n'avait jamais soupçonné qu'on pourrait voir en lui un insurgé, qui a donné tout son temps au travail, menant en réalité la vie la plus régulière et la plus digne d'estime.

CÉZANNE. — Fleurs.

GUILLAUMIN

Armand Guillaumin est né à Paris, le 16 février 1841. Ses parents, originaires de Moulins, dans l'Allier, après avoir résidé à Paris, revinrent dans leur ville natale, le ramenant tout enfant avec eux. Il fit ainsi son éducation à Moulins où il demeura jusqu'à l'âge de seize ans. Il fut alors envoyé à un oncle à Paris, qui dut l'employer dans un magasin de lingerie qu'il tenait, *Aux mille et une nuits*, rue de la Chaussée-d'Antin. Mais le jeune homme n'avait aucun goût pour le négoce. Au lieu d'attendre le client derrière le comptoir, il allait se promener au Bois de Boulogne, aux musées du Louvre et du Luxembourg. Comme toujours en pareil cas, la vocation artistique qui naissait

GUILLAUMIN. — Rue, effet de neige.

et exerçait son empire, le mettait en divergence avec ses entours et le faisait prendre pour un paresseux, destiné à mal tourner.

En 1862, ne pouvant plus s'accorder avec sa famille, il la quitte et entre comme employé à la Compagnie d'Orléans. Il

GUILLAUMIN
Vue prise de Saardam
(Eau-forte originale)

GUILLAUMIN
Vue prise de Saardam
(Eau-forte originale)

dessinait le soir et les dimanches, dès qu'il avait quelques loisirs. Il suit le cours de dessin de l'École communale, rue des Petits-Carreaux. Il s'y distingue. On lui décerne une médaille de bronze. En 1864, il s'élève à un échelon supé-

GUILLAUMIN. — Le quai Saint-Bernard.

rieur. Il va travailler à l'Académie Suisse, quai des Orfèvres. C'est là qu'il fait la connaissance de Cézanne et de Pissarro. Il se lie d'amitié tout particulièrement avec Cézanne.

Il quitte le bureau de la Compagnie d'Orléans, décidé à ne faire que de la peinture. Il peint des stores, pour essayer de vivre de son pinceau. Il ne peut y parvenir, et, tombé dans la gêne, il se cherche de nouveau un emploi. Il entre ainsi, à la fin de 1868, au service des Ponts et Chaussées de la ville de Paris.

Guillaumin. — Le cap Long, Méditerranée.

Il continue malgré tout à s'adonner à ses études d'artiste et à peindre. Mais comme il est lié aux Ponts et Chaussées et ne peut aller travailler au loin, il peindra les vues qui s'offriront à Paris même, sur les quais ou dans la banlieue, à Charenton, à Clamart, aux bords de la Bièvre.

Aussi lorsqu'il se fut joint à ses amis Pissarro et Cézanne, pour participer en 1874 et 1877 aux expositions des Impressionnistes, ses envois contribuèrent-ils pour leur part au soulèvement d'opinion qui se produisit contre le groupe entier.

Guillaumin. — Gelée blanche à Crozant.

A tout ce que les autres montraient capable d'exciter le dédain, il ajoutait personnellement des sujets pris à des lieux où l'on ne croyait point alors qu'on put s'arrêter ; la banlieue de Paris, la lisière mal habitée entre la ville et la campagne.

Il exposait des tableaux désignés, *Lavoir à Billancourt, Rue à Clamart, Route de Clamart à Issy*. Depuis, les notions d'esthétique se sont élargies. On a pensé que l'artiste avait le droit de promener les yeux sur toutes les parties du monde visible, que c'était de sa sensation devant les choses, que dépendait la valeur de la représentation à en donner. Les sites jugés auparavant les plus vulgaires, dans les faubourgs, le long des quais ou sur les remparts, avec les pauvres hères qu'on y rencontre, ont été systématiquement choisis par des artistes en renom comme motifs de leurs tableaux. Les scènes à trouver dans ces parages, rendues avec art, ont paru aussi intéressantes que toutes autres. Mais à l'époque où Guillaumin se produisait, on n'était point encore affranchi des vieilles conventions, on s'écartait systématiquement de ces aspects du monde extérieur jugés grossiers, prosaïques et vulgaires. Guillaumin avec ses vues prises sur les quais, à Billancourt et dans les rues de Clamart, venait donc ajouter des éléments de répulsion à ceux que les autres apportaient et une part du mépris général que les expositions de 1874 et 1877 recueillaient lui était due.

Il s'abstient à l'exposition des Impressionnistes de 1879, mais il prend part à toutes les autres en 1880, 1881, 1882, jusqu'à la dernière, en 1886. De même qu'en 1874 et 1877, les quais de Paris et la banlieue lui fournissent le fond de ses motifs. Cependant son cercle s'est élargi, il montre des vues prises dans la pleine campagne. Il met à l'exposition de 1886, une suite de paysages peints à Damiette, près d'Orsay. Il a aussi maintenant abordé le rendu de la figure et des portraits

et des tableaux de figures en plein air, se mêlent à ses paysages.

Guillaumin avait personnellement pris part au mouvement qui entraînait les Impressionnistes tous ensemble à

GUILLAUMIN. — Paysage.

porter leur système à ses dernières conséquences, en peignant dans une gamme de plus en plus claire. A ses premiers tableaux un peu sombres et de verts monochromes, en succédaient d'autres d'une tonalité vibrante et d'une grande variété de palette. Il avait, pour sa touche et ses procédés d'exécution, su profiter de l'exemple de Claude Monet et fait entrer

GUILLAUMIN
Paysage de la Creuse

Paysage de la Crease
CULLAMIN

la gamme de tons de Cézanne, comme partie intégrante, dans la sienne. Mais il avait fait ces emprunts, comme tous ceux que se faisaient les uns aux autres les Impressionnistes en voie de commun développement, en sachant les approprier et les adapter à son tempérament. Sa manière large, hardie et rapide est très personnelle.

Guillaumin resta des années au service des Ponts et Chaussées de la ville de Paris, peignant aux heures de loisir et pendant les vacances. Il s'était marié, il lui venait des enfants, il ne pouvait se passer de son emploi. L'expérience tentée de vivre exclusivement de sa peinture n'avait pas réussi et la difficulté qu'il rencontrait toujours de vendre ses tableaux même aux plus bas prix, lui montrait qu'une nouvelle tentative n'aurait pas meilleur succès. Il continuait donc son travail de petit employé, sans perspective prochaine d'être à même de s'y soustraire, lorsqu'un coup de fortune inattendu, en 1891, vint le favoriser. Une obligation à primes du Crédit foncier en sa possession sortit au tirage, lui procurant la prime de 100.000 francs.

Cette somme était pour lui le Pactole. Il abandonne alors son emploi. Maintenant que ses ressources lui permettent les déplacements, il ira au loin et ajoutera aux vues prises à Paris ou dans les environs, des motifs particulièrement pittoresques. Il va ainsi peindre d'abord à Saint-Palais-sur-Mer, à l'embouchure de la Gironde, puis, à diverses reprises, à Agay, près de Fréjus, sur la Méditerranée, et encore en Auvergne et dans la Haute-Loire. La Creuse l'attire, il s'y rend régulièrement. Il a choisi Crozant, au confluent de la Creuse et de la Sedelle, comme centre. Les ruines du vieux château féodal qui domine Crozant et les sites pittoresques et accidentés qu'offrent les bords des deux rivières, forment le fond des motifs qu'il introduit dans ses tableaux. En 1904, se cherchant un champ complètement nouveau, il va peindre, en mai et juin, des vues de la Hollande avec ses moulins et ses canaux, près de Saardam.

Guillaumin s'est aussi adonné à la gravure à l'eau-forte. Il a exécuté, à diverses reprises, une trentaine de pièces. Plusieurs ont été fournies en 1875 à une publication, *Paris à l'eau-forte*, éditée par Richard Lesclide. Cézanne se trouvant à Auvers avec Guillaumin, à une époque où celui-ci s'adonnait particulièrement à l'eau-forte, voulut aussi s'y essayer. Il grava trois plaques. La plus intéressante offre un portrait de Guillaumin, assis par terre, les bras croisés, les jambes étendues, fait directement d'après nature.

GUILLAUMIN. — Village de Jouy.

BIBLIOGRAPHIE

Nous donnons ici, selon l'ordre chronologique, le titre des principaux livres et brochures qui ont paru, ayant trait à l'art ou à l'histoire des peintres impressionnistes.

DURANTY. — *La nouvelle peinture*. Paris, E. Dentu, 1876.

THÉODORE DURET. — *Les Peintres impressionnistes*. Paris, H. Heymann et J. Pérois, 1878.

THÉODORE DURET. — *Critique d'Avant-garde*. Paris, G. Charpentier, 1885.

FÉLIX FÉNÉON. — *Les Impressionnistes en 1886* Paris, Publication de la Vogue, 1886.

GEORGE LECOMTE. — *L'Art impressionniste*. Paris, Chamerot et Renouard, 1892.

GUSTAVE GEFFROY. — *La vie artistique*. Paris, E. Dentu, 1892-1895. H. Floury, 1897-1905.

ANDRÉ MELLERIO. — *L'Exposition de 1900 et l'Art impressionniste*. Paris, H. Floury, 1900.

CAMILLE MAUCLAIR. — *L'Impressionnisme. Son histoire, son esthétique, ses maîtres*. Paris, Librairie de l'art ancien, 1904.

André Fontainas. — *Histoire de la Peinture française au XIX° siècle*. Paris, Société du Mercure de France, 1906.

A L'ÉTRANGER

Julius Meier Graefe. — *Entwickelung geschichte der modernen Kunst*. Stuttgard. Jul. Hoffmann, 1904.

Wynford Dewhurst. — *Impressionnist painting*. London, George Newnes, 1904.

TABLE DES GRAVURES HORS TEXTE

	Pages
Un atelier aux Batignolles, par FANTIN-LATOUR (héliogravure)	Frontispice
PISSARRO. — Dessin inédit	6
— Le laboureur (bois de Lucien Pissarro)	16
— Les faneuses (eau-forte originale)	24
CLAUDE MONET. — Vue de Honfleur (dessin)	38
— Impression, soleil levant. Exposition du boulevard des Capucines 1874 (héliogravure)	44
— Pont d'Argenteuil (héliogravure)	50
— Les glaçons (héliogravure)	58
— Église de Vernon (héliogravure)	66
— Les peupliers (reproduction en couleur)	72
SISLEY. — Dessin inédit	82
— Bords du Loing (eau-forte de P. M. Roy)	90
— Meules (reproduction en couleur)	98
RENOIR. — Dessin inédit	102
— Femme nue assise (eau-forte originale)	108
— Femme nue couchée (eau-forte originale)	128
— Portrait de Mme J. B... (reproduction en couleur)	132

BERTHE MORISOT. — Dessin inédit	142
— Jeune femme (bois de Prunaire)	152
— Au piano (reproduction en couleur)	158
CÉZANNE. — Dessin inédit	166
— Portrait de Guillaumin (eau-forte originale).	172
— Les terres rouges, Provence (reproduction en couleur). . . .	180
GUILLAUMIN. — Dessin inédit	186
— Vue près de Saardam (eau-forte originale).	198
— Paysage de la Creuse (reproduction en couleur).	204

TABLE DES CHAPITRES

	Pages
LES PEINTRES IMPRESSIONNISTES	1
PISSARRO	49
CLAUDE MONET	77
SISLEY	105
RENOIR	127
BERTHE MORISOT	155
CÉZANNE	169
GUILLAUMIN	197
BIBLIOGRAPHIE	207

ÉVREUX, IMPRIMERIE DE CH. HÉRISSEY ET FILS

A LA MÊME LIBRAIRIE

Les Maîtres de l'Art Contemporain

Gustave Courbet, Peintre.   Georges RIAT

Un volume petit in-4°, imprimé avec le plus grand soin, sur beau papier vélin, par la maison Hérissey d'Evreux. Illustré de 16 planches hors texte en taille-douce, d'une planche en couleur imprimée par la maison Fortier-Marotte et d'un grand nombre de dessins dans le texte et hors texte d'après les tableaux de Gustave Courbet. Tirage à 1.000 exemplaires.
    50 exemplaires sur Japon à . . . . 50 fr.
    950 exemplaires sur vélin à . . . . 25 fr.

Corot et son Œuvre.   E. MOREAU-NÉLATON

Petit in-4° illustré de 270 reproductions d'après les tableaux et dessins du Maître. Tirage unique 1.000 exemplaires . . . . 25 fr.

Édouard Manet, Peintre.   Th. DURET

Petit in-4° illustré d'une vingtaine de planches hors texte dont plusieurs en couleurs par les procédés les plus perfectionnés . . . . Édition épuisée.

J.-M.-N. Whistler.   Th. DURET.

Petit in-4° imprimé sur beau papier vélin, illustré de 20 planches hors texte dont plusieurs en couleurs et d'un très grand nombre d'illustrations dans le texte ou à pleines pages. Portrait de Whistler par Boldini.
    50 exemplaires sur Japon . . . . Épuisé.
    Édition sur papier vélin . . . . 25 fr.

Auguste Rodin, Statuaire.   Léon MAILLARD

Un volume petit in-4° carré, illustré de nombreux dessins inédits de Auguste Rodin, de gravures à l'eau-forte et sur bois de MM. Ch. Courtry, Leveillé, Lepère, Beltrand, et d'héliogravures en noir et en couleurs reproduisant les œuvres capitales du Maître sculpteur.
    Édition de luxe . . . . Épuisée.
    Tirage sur beau papier vélin du Marais . . . . 25 fr.

Constantin Meunier, Sculpteur et Peintre.   C. LEMONNIER

Petit in-4° illustré de dix eaux-fortes, de dix héliogravures et d'une vingtaine d'autres planches hors texte par divers procédés. Le texte est en outre enrichi d'un très grand nombre de dessins. Couverture gravée. Tirage à 950 exemplaires.
    50 exemplaires sur japon . . . . Épuisé.
    900 exemplaires sur papier vélin . . . . 25 fr.

Eugène Boudin, sa Vie et son Œuvre.   Gustave CAHEN

Préface de Arsène Alexandre. — Illustré de : un portrait de Boudin à la pointe sèche par Paul Helleu, d'une eau-forte originale de Eugène Boudin, de huit eaux-fortes de Loys Delteil, et de nombreuses reproductions en héliotypie. Tirage à 300 exemplaires . . . . Édition épuisée.

Études sur quelques Artistes originaux

Erastène RAMIRO

Félicien Rops, Graveur.

Un volume petit in-4°, imprimé avec le plus grand soin, sur beau papier vélin, par la maison Hérissey d'Evreux. Illustré de 25 planches hors texte en taille-douce, d'une trentaine de pages hors texte et d'un grand nombre de dessins dans le texte d'après Rops. Prix . . . . **30 fr.**
Edition de luxe : 100 exemplaires sur Japon à la forme avec une double suite de toutes les illustrations et une épreuve en couleurs de la planche *Eritis Similes Deo* . . . . Epuisée.
25 exemplaires sur papier de Chine avec une double suite de toutes les illustrations et une épreuve en couleurs de la planche *Eritis Similes Deo* . . . . Epuisée.

J. DE MARTHOLD

Daniel Vierge, Illustrateur, Peintre et Graveur.

Petit in-4° illustré de 20 planches en taille-douce hors texte, dont plusieurs en couleurs et d'une couverture gravée, également en couleurs, et d'un très grand nombre de reproductions à pages pleines ou dans le texte d'après les dessins de l'artiste.
Edition sur Japon . . . . Epuisée.
Edition sur papier vélin . . . . **15 fr.**

Léon MAILLARD

Henri Boutet, Graveur et Pastelliste.

Illustré de 200 dessins reproduits dans les marges et de 20 planches hors texte, pointes-sèches, eaux-fortes et lithographies dont quelques-unes en couleurs et la plupart inédites. Tirage à 435 exemplaires.
Nos 1 à 60 sur japon impérial . . . . Epuisé.
Nos 61 à 535 sur vélin du Marais . . . . Epuisé.

Léon MAILLARD

Henri Boutet, Catalogue raisonné.

Préface de Aurélien Scholl. Illustré de 34 planches de Henri Boutet, eaux-fortes, pointes sèches, lithographies et d'une très belle eau-forte gravée par Ch. Courtry. Tirage à 560 exemplaires.
Nos 1 à 60 sur japon impérial . . . . Epuisé.
Nos 61 à 560 sur vélin du Marais dont il nous reste quelques exemplaires . . . . **25 fr.**

Auguste Boulard (L'Œuvre de).

Illustré d'un portrait de Boulard gravé par Boulard fils, et d'eaux-fortes de A. Boulard, Courtry, Delteil, Faivre et Lefort; lithographie de Lunois, héliogravure de Arents et nombreux dessins de Boulard père. Tirage à 450 exemplaires.
Nos 1 à 50 sur japon impérial . . . . Epuisé.
Nos 51 à 450 sur vélin du Marais . . . . **7 fr. 50**

POUR PARAITRE PROCHAINEMENT DANS LA MÊME COLLECTION

Arsène ALEXANDRE : **Adolphe WILLETTE**, Dessinateur, Lithographe et Peintre.

www.ingramcontent.com/pod-product-compliance
Lightning Source LLC
Chambersburg PA
CBHW071417150426
43191CB00008B/943